Der kleine Prinz

für kleine und große Leute

neu entdeckt von

Anselm Grün

www.herder.de

Lektorat und Übersetzung: Marlene Fritsch
Umschlagkonzeption: Verlag Herder
Umschlagmotiv und Innenillustrationen: Mascha Greune
Satz und Gestaltung: Chris Langohr Design, March
Herstellung: PNB Print Ltd.
Printed in Latvia

ISBN 978-3-451-03235-6

Der kleine Prinz

für kleine und große Leute

neu entdeckt von

Anselm Grün

HERDER

FREIBURG · BASEL · WIEN

Inhalt

Vorwort

Kaum ein anderes Buch ist nicht nur von Kindern, sondern auch von Erwachsenen so gerne gelesen worden wie »Der kleine Prinz« des französischen Autors und Piloten Antoine de Saint-Exupéry. Immer wieder hört man in Gesprächen oder Vorträgen Zitate daraus, etwa: »Man sieht nur mit dem Herzen gut.« Diese Sichtweise des Herzens fasziniert die Menschen heute genauso wie zu der Zeit, als das Buch erstmals erschien. Heute sehen wir nur selten mit dem Herzen, sondern schauen eher mit einem Blick, der alles bewertet, alles berechnet. Wir fragen uns sofort, wenn wir ein Haus, einen Tisch, einen Schrank betrachten: Wie viel ist er wert? Was bringt er? Was kann ich damit anfangen? Was ist der Nutzen? Diese Sichtweise macht unsere Welt kalt. Man friert, wenn man alles nur auf seinen Nutzen hin befragt. Da tut uns die Sichtweise des kleinen Prinzen gut, der mit den Augen des Kindes auf alles sieht, der alles infrage stellt und dem es vor allem darauf ankommt, die Dinge mit seinem Herzen zu betrachten. Heute muss alles vernünftig sein und wird auf seine Stärke hin geprüft. Wir dürfen uns keine Schwächen erlauben. Sonst müssen wir um unsere Arbeitsstelle bangen, aber auch um unsere Achtung bei den Menschen, mit denen wir zusammenleben. Da tut es uns gut, wenn uns der kleine Prinz in eine andere Welt hineinführt – die Welt der Kinder. Jeder von uns hat ein inneres Kind in sich. Jesus sagt: »Wenn ihr nicht umkehrt und wie die Kinder werdet, könnt ihr nicht in das Himmelreich kommen« (Matthäus 18,3). Er fordert uns nicht auf, infantil, kindisch zu werden, sondern mit den Augen des Kindes die Welt zu betrachten. Dann gelangen wir in das, was Jesus »Himmelreich« nennt. Dann entdecken wir mitten auf unserer Erde den Himmel, beginnt alles auf einmal zu leuchten und uns vom Himmel zu erzählen.

Kinder sind oft weise Philosophen, die uns Erwachsenen Fragen stellen, die wir kaum beantworten können. Sie zwingen uns mit ihren Fragen, tiefer in uns hineinzuhorchen. Das deutsche Wort »Frage« hat die gleichen Wurzeln wie das Wort »Furche»: Die Kinder graben Furchen in den Acker unserer Seele, damit wir uns tiefer hineingraben, damit der Acker unserer Seele Frucht trägt, die uns wirklich nährt. Die Worte des kleinen Prinzen nähren uns. Sie zeigen uns Wege, wie wir menschlicher und authentischer leben können. Wer das Buch vom kleinen Prinzen liest, kommt mit seiner Sehnsucht nach einer anderen Welt in Berührung, nach einer Welt, in der wir nicht nach unserer Leistung bewertet werden, in der es stattdessen um Freundschaft und Liebe geht, und in der wir uns um das kümmern, was unser Leben wahrhaft wertvoll macht. Indem wir das Buch lesen, tauchen wir schon ein in diese andere Welt, die sich dem Himmel und seinem Glanz öffnet. Wir erleben uns auf neue Weise. Das Buch will nicht moralisieren. Es will uns nicht sagen, was wir tun sollen, sondern uns zuerst einmal zeigen, wer wir sind. Aus dem Sein folgt das Sollen. Wenn wir spüren, wer wir wirklich sind, was uns als Menschen ausmacht, dann werden wir uns auch richtig verhalten. Dann werden wir mit dem Herzen auf die Menschen sehen, werden wir die Freundschaft als hohes Gut achten. Wir werden uns verantwortlich fühlen für die Menschen, mit denen wir vertraut sind, und fähig, der Menschlichkeit in uns und in unserem Umfeld Raum zu geben.

So wünsche ich Ihnen, liebe Leserin und lieber Leser, dass Sie beim Lesen der Geschichte vom kleinen Prinzen mit dem Kind in sich in Berührung kommen. Und wenn Sie sie mit Ihren Kindern und in der Familie lesen, werden Sie vielleicht staunen, wie leicht verständlich den »kleinen Leuten« die Fragen und Sorgen des kleinen Prinzen sind – auch heute noch! Denn sie haben einen viel besseren Draht zu diesem Kind in sich als wir »großen Leute«.

Meine Gedanken, die ich zu jedem Kapitel aufgeschrieben habe, wollen Ihnen nicht vorschreiben, wie Sie das Buch lesen sollen. Sie wollen Ihnen nur dabei helfen, in den Bildern dieses Buches sich selbst zu erkennen mit dem Reichtum Ihrer Seele. Dieser Reichtum ist schon in Ihnen. Aber manchmal brauchen wir Worte, um damit in Berührung zu kommen. Der Reichtum der Seele ist zugleich auch ihre Weisheit. Ich wünsche Ihnen, dass die Worte dieses Buches Sie die Weisheit Ihrer Seele erkennen lassen, damit Sie ihr trauen und ihr folgen.

Ihr

Pater Anselm Grün

Warum Schafe in der Wüste wichtig sind

Vor sechs Jahren hatte ich in der Wüste Sahara eine Panne mit meinem Flugzeug. Irgendetwas war im Motor kaputtgegangen. Und da ich weder einen Mechaniker dabeihatte noch andere Passagiere, machte ich mich daran, diese schwierige Reparatur selbst vorzunehmen. Für mich war es eine Frage von Leben und Tod: Mein Wasservorrat reichte noch für ungefähr acht Tage.

Am ersten Abend schlief ich im Sand ein, tausend Meilen entfernt von einem bewohnten Ort. Ich war so einsam wie ein Schiffbrüchiger auf einem Floß im Ozean. Ihr könnt euch also meine Verwunderung vorstellen, als ich bei Tagesanbruch von einer eigenartigen leisen Stimme geweckt wurde.

Sie sagte: »Bitte … zeichne mir ein Schaf!«

»Was?«

»Zeichne mir ein Schaf.«

Ich sprang auf die Füße, als wäre ich vom Blitz getroffen worden. Ich rieb mir die Augen. Sah noch einmal hin. Und entdeckte ein sehr außergewöhnliches kleines Kerlchen, das mich aufmerksam betrachtete.

Hier seht ihr das beste Bild, das ich später von ihm gezeichnet habe. Aber mein Bild ist längst nicht so entzückend wie das Original. Das ist nicht meine Schuld. Im Alter von sechs Jahren war ich in meiner Karriere als Künstler von den großen Leuten entmutigt worden, und ich hatte nichts mehr gezeichnet, außer offenen und geschlossenen Boas.

Ich betrachtete diese Erscheinung mit großen, von Erstaunen runden Augen. Vergesst nicht, dass ich mich Tausende Meilen entfernt von einem bewohnten Ort befand. Aber mein kleines Kerlchen schien sich weder verirrt zu haben, noch todmüde, am Verhungern oder Verdursten, noch zu Tode verängstigt zu sein. Er sah nicht im Geringsten aus wie ein Kind, das sich in den Weiten der Wüste verloren hat, Tausende von Meilen entfernt von einem bewohnten Ort.

Als ich wieder sprechen konnte, sagte ich:

»Aber ... was machst du hier?«

Und er wiederholte sehr leise, als ginge es um etwas sehr Ernstes:

»Bitte ... zeichne mir ein Schaf!«

Wenn etwas sehr rätselhaft ist, traut man sich nicht, dem zu widersprechen. So absurd es mir daher Tausende von Meilen entfernt von einem bewohnten Ort und im Angesicht des Todes erschien, nahm ich aus meiner Tasche ein Blatt Papier und einen Füllfederhalter. Aber dann erinnerte ich mich daran, dass ich vor allem Geografie, Geschichte, Mathematik und Grammatik studiert hatte, und ich sagte zu dem kleinen Kerl (etwas schlecht gelaunt), dass ich nicht zeichnen könne. Er antwortete mir:

»Das macht nichts. Zeichne mir ein Schaf.«

Da ich noch nie ein Schaf gezeichnet hatte, malte ich für ihn eines der beiden Bilder, die ich konnte: das einer geschlossenen Boa. Und ich war sehr erstaunt, als ich den kleinen Kerl sagen hörte:

»Nein! Nein! Ich will keinen Elefanten in einer Boa. Eine Boa ist sehr gefährlich und ein Elefant sehr sperrig. Bei mir zu Hause ist alles sehr klein. Ich brauche ein Schaf. Zeichne mir ein Schaf.«

Also zeichnete ich.

Er sah es sich aufmerksam an, dann sagte er:

»Nein! Das da ist schon sehr krank. Mal mir ein anderes.«

Ich zeichnete. Mein kleiner Freund lächelte freundlich und sagte nachsichtig:

»Du siehst es ja selbst: Das ist kein Schaf. Es ist ein Widder. Es hat Hörner.«

Ich versuchte es noch einmal. Aber wie das vorherige Bild wies er auch dieses zurück:
»Das ist viel zu alt. Ich möchte ein Schaf, das noch lange lebt.«

Ich wurde ungeduldig, weil ich es eilig hatte, meinen Motor auseinanderzubauen, also kritzelte ich ihm dieses Bild hier:

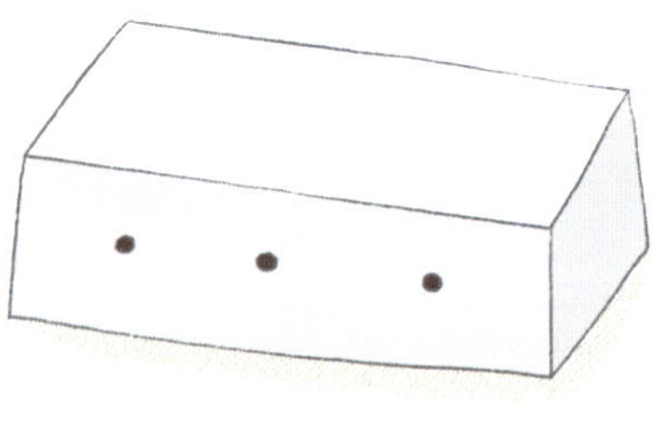

Und ich sagte: »Das ist seine Kiste. Das Schaf, das du möchtest, ist darin.«

Wie erstaunt war ich zu sehen, dass sich das Gesicht meines jungen Kunstkritikers erhellte und er sagte: »Das ist genau das, was ich wollte! Glaubst du, das Schaf braucht viel Gras?«

»Warum?«

»Weil es bei mir so klein ist ...«

»Das reicht ganz bestimmt. Ich habe dir ein sehr kleines Schaf gezeichnet.«

Er hielt den Kopf schief und betrachtete die Zeichnung. »So klein ist es nun auch wieder nicht. Sieh doch! Es ist eingeschlafen.« Und so machte ich die Bekanntschaft des kleinen Prinzen.

Der kleine Prinz begegnet Antoine de Saint-Exupéry in einer Situation, in der es für ihn um Leben und Tod ging. So beginnt die Geschichte zwischen dem Flieger, der sein Flugzeug reparieren möchte und eigentlich keine Zeit hat, und dem kleinen Prinzen, der alle Zeit dieser Welt hat und dem Flieger von seiner Reise erzählt, die ihn von seinem kleinen Planeten vorbei an vielen anderen in die Wüste geführt hat zu diesem einsamen Flieger.

Der Erzähler kann der Faszination des kleinen Prinzen nicht widerstehen. Er führt ihn ein in das Geheimnis menschlichen Lebens, in das Geheimnis von Vertrauen und Liebe. Das kleine Kind wird zum Lehrmeister des erfahrenen Fliegers. Und der Flieger ist bereit, sich von dem Kind eine neue Sicht seines Lebens aufzeigen zu lassen.

Der kleine Prinz erinnert Saint-Exupéry an seine eigene Kindheit, in der er genauso naiv und zugleich klug die Menschen beobachtet hat. Doch damals haben ihn die Erwachsenen nicht verstanden. So hat er sich angepasst. Der kleine Prinz bringt ihn wieder in Berührung mit seinem inneren Kind. Jeder Mensch hat ein verletztes und ein göttliches Kind in sich. Der kleine Prinz erinnert uns an manche Verletzungen, die wir als Kind erfahren haben: dass wir nicht verstanden wurden, dass man uns nicht in unserer Eigenart akzeptiert hat, dass wir lächerlich gemacht worden sind, dass wir übersehen wurden.

Doch der kleine Prinz bringt uns auch in Berührung mit dem göttlichen Kind in uns. Das göttliche Kind weiß genau, was für uns gut ist. Nach Carl Gustav Jung ist das göttliche Kind ein »Heilsbringer«: Es bringt uns in Berührung mit unserem wahren Wesen, macht uns heil und ganz. Die Weisheit des kleinen Prinzen will das göttliche Kind in uns wiedererwecken, dass wir ihm mehr glauben als dem Wissen der Erwachsenen.

Die Erwachsenen – davon ist der kleine Prinz überzeugt – haben das Wesentliche des Menschen und seines Lebens nicht verstanden. So stellt er uns die Fragen: Was ist für dich wesentlich? Wofür lebst du? Wofür gehst du?

Wozu Dornen gut sind – und wozu nicht

Am fünften Tag enthüllte sich mir, wiederum dank des Schafs, ein weiteres Geheimnis aus dem Leben des kleinen Prinzen. Er fragte mich plötzlich und ohne Vorrede, als sei die Frage das Ergebnis eines Problems, das er lange in der Stille bedacht hatte:
»Wenn ein Schaf Sträucher frisst, frisst es dann auch Blumen?«
»Ein Schaf frisst alles, was ihm vor die Schnauze kommt.«
»Selbst wenn die Blumen Dornen haben?«
»Ja, selbst wenn die Blumen Dornen haben.«
»Aber wozu sind die Dornen dann gut?«
Ich wusste es nicht. Ich war sehr mit dem Versuch beschäftigt, einen fest sitzenden Bolzen in meinem Motor aufzuschrauben. Ich war sehr besorgt, weil meine Panne mir immer schwerwiegender erschien, und das Trinkwasser, das zur Neige ging, ließ mich das Schlimmste befürchten.
»Die Dornen, wozu sind sie gut?«
Der kleine Prinz ließ nie eine Frage wieder fallen, wenn er sie einmal gestellt hatte. Ich war abgelenkt durch den Bolzen und antwortete dummerweise:

»Die Dornen dienen zu gar nichts, sie sind reine Boshaftigkeit der Pflanzen.«

»Oh!«

Aber nach einer kurzen Stille warf er mir verärgert an den Kopf: »Ich glaube dir nicht! Die Blumen sind schwach. Sie sind naiv. Sie schützen sich, so gut sie können. Mit ihren Dornen halten sie sich für gefährlich.«

Ich antwortete nicht. In diesem Moment sagte ich mir: »Wenn dieser Bolzen weiter klemmt, schlage ich ihn mit einem Hammer auf.«

Der kleine Prinz unterbrach wiederum meine Gedanken:
»Und du denkst, dass die Blumen ...«
»Aber nein! Aber nein! Ich glaube gar nichts. Ich habe Unsinn geredet. Ich bin gerade mit sehr ernsthaften Dingen beschäftigt.«
Er betrachtete mich verblüfft.
»Ernsthafte Dinge!«
Er sah mich an, wie ich dastand: den Hammer in der Hand, mit schwarzen Fingern vom Schmieröl, über ein Ding gebeugt, das ihm sehr hässlich erscheinen musste.
»Du sprichst wie die großen Leute!«
Das versetzte mir einen Stich.
Unbarmherzig fügte er hinzu:
»Du bringst alles durcheinander ... du vermischst alles.«
Er war wirklich sehr verärgert.
Er schüttelte seine goldenen Haare im Wind:
»Ich kenne einen Planeten, auf dem lebt ein Mann mit hochrotem Gesicht. Er hat noch nie an einer Blume gerochen. Er hat noch nie einen Stern betrachtet. Er hat noch nie jemanden geliebt. Er hat

noch nie etwas anderes gemacht als Additionen. Und den ganzen Tag wiederholt er so wie du: ›Ich bin ein ernsthafter Mann. Ich bin ein ernsthafter Mann!‹, und das lässt ihn vor Stolz fast platzen. Aber das ist kein Mann, das ist ein Pilz!«

»Ein was?«

»Ein Pilz!«

Inzwischen war der kleine Prinz weiß vor Wut:

»Schon seit Millionen von Jahren bilden Blumen Dornen. Und seit Millionen von Jahren fressen die Schafe die Blumen trotzdem. Ist es etwa nicht ernsthaft, wenn man versucht zu verstehen, warum sie sich so viel Mühe machen, Dornen hervorzubringen, die zu überhaupt nichts taugen? Ist der Krieg zwischen Blumen und Schafen nicht wichtig? Ist das nicht viel wichtiger als die Additionen eines großen roten Monsieurs? Und wenn ich eine Blume kenne, die einzigartig ist auf der Welt, die es nirgendwo auf der Welt gibt, außer auf meinem Planeten, die ein kleines Schaf mit einem Schlag vernichten kann, eines Morgens, ohne sich darüber bewusst zu sein, was es tut, ist das etwa nicht wichtig?«

Er errötete, dann fuhr er fort:

»Wenn jemand eine Blume liebt, die es nur einmal auf Millionen von Sternen gibt, dann reicht es, die Sterne zu betrachten, um glücklich zu sein. Er sagt sich: Meine Blume ist irgendwo dort …

Aber wenn das Schaf die Blume frisst, ist es für ihn, als verlöschten plötzlich alle Sterne. Und das soll nicht wichtig sein?«

Er konnte nicht mehr weitersprechen und schluchzte plötzlich los. Die Nacht war hereingebrochen. Ich hatte mein Werkzeug weggelegt. Ich scherte mich nicht mehr um meinen Hammer, meinen Bolzen, um Hunger und Durst. Auf einem Stern, einem Planeten, meinem Planeten, der Erde, galt es, einen kleinen Prinzen zu trösten. Ich nahm ihn in die Arme. Ich wiegte ihn hin und her. Ich sagte ihm:

»Die Blume, die du liebst, ist nicht in Gefahr ... Ich werde deinem Schaf einen Maulkorb zeichnen ... Ich werde deiner Blume eine Rüstung zeichnen ... Ich ...«

Ich wusste nicht mehr, was ich noch sagen sollte. Ich fühlte mich unbeholfen. Ich wusste nicht, wie ich ihn erreichen oder wieder zurückbringen konnte.

Es ist so geheimnisvoll, das Land der Tränen!

Für den Flieger ist es wichtig, sein Flugzeug zu reparieren, um sein Leben zu retten. Für den kleinen Prinzen ist das nicht wichtig. Ihn bewegt die Frage, wie er seine einzigartige Rose, die er so liebt, vor dem Schaf schützen kann. Er denkt, die Dornen könnten die Blume vor dem Schaf retten. Doch Saint-Exupéry ist so sehr mit wichtigeren Dingen beschäftigt – nämlich mit der Frage, wie er sein Flugzeug wieder flottmachen kann –, dass er den Dornen unüberlegt bescheinigt, überhaupt keinen Nutzen zu haben. Der kleine Prinz wird ärgerlich. Das einzig Wichtige ist für ihn, dass er seine Rose liebt. Und dass diese Rose von einem Schaf aufgefressen werden könnte, das bewegt ihn. Das wäre für ihn so, als ob alle Sterne ausgelöscht wären.

Der kleine Prinz erinnert auch uns heute daran, was uns wirklich wichtig ist. Wollen wir ein »ernsthafter Mann« sein, dem nur die Additionen wichtig sind, oder ein Mensch, der einen anderen liebt und der in der Angst lebt, dieser Mensch könnte ihm verloren gehen?

Die Blume, die vom Schaf aufgefressen werden könnte, steht für den Menschen, den wir lieben und der durch die Gefahren dieser Welt zugrunde gehen könnte. Dann

wäre die Liebe zerstört. Das könnte ein Herz, wie es der kleine Prinz hat, nicht aushalten.
Er denkt darüber nach, welchen Sinn die Dornen haben – was kann also unsere Liebe schützen? Offensichtlich sind die Waffen, die wir dazu haben, in dieser Welt nicht wirksam genug. Irgendein Schaf kann die Blume fressen, kann unsere Liebe auslöschen. Daher ist es eine wichtige Frage für uns, wie wir unsere Liebe schützen können. In der christlichen Tradition vertrauen wir darauf, dass der Segen, den wir zum geliebten Menschen strömen lassen, ihn wie ein schützender Mantel umgibt. Die Liebe Gottes, verbunden mit unserer eigenen Liebe, könnte für den geliebten Menschen einen Raum schaffen, in dem er sich geschützt weiß vor Schafen, die Blumen fressen, vor Menschen, die liebende Menschen verletzen.
Der kleine Prinz lädt uns ein, uns ehrlich zu fragen, was für uns wichtig ist. Woran hängt mein Herz? Wofür würde ich alles in der Welt hergeben? Für den kleinen Prinzen ist es die Liebe, die das Wichtigste im Leben ist. Doch wie wichtig ist mir die Liebe? Nicht nur die Liebe zu einem bestimmten Menschen, sondern die Liebe als die Kraft, die alles in mir lebendig macht, als die Quelle, aus der ich schöpfen kann, als das Gefühl, das alles in mir und um mich herum verzaubert?

Warum es gar nicht so einfach ist, jemanden zu lieben

Sehr schnell sollte ich diese Blume besser kennenlernen. Es hatte auf dem Planeten des kleinen Prinzen schon immer sehr einfache Blumen gegeben. Sie waren geschmückt mit einem einzigen Kranz aus Blütenblättern, beanspruchten nicht viel Platz und störten niemanden. Sie erschienen eines Morgens im Gras und verschwanden am Abend wieder. Aber diese eine Blume keimte eines Tages aus einem Samenkorn, das von irgendwoher herbeigeweht worden war, und der kleine Prinz überwachte diesen Spross, der keinem anderen glich, sehr genau. Es hätte ja eine neue Sorte von Affenbrotbaum sein können! Aber dieser Spross hörte schnell auf zu wachsen und begann, eine Blüte auszutreiben. Der kleine Prinz, der auch das genau verfolgte, spürte, dass hier etwas ganz Besonderes im Werden war, doch die Blume wuchs immer weiter in ihrem »grünen Zimmer« zu ihrer Schönheit heran. Sie suchte sich sorgfältig ihre Farben aus. Sie zog sich langsam an, sie richtete ein Blütenblatt nach dem anderen aus. Sie wollte nicht so zerknittert wie der Klatschmohn aus ihrem Zimmer kommen. Sondern nur im vollen Glanz ihrer

Schönheit. Und ja: Sie war sehr eitel. Ihre geheimnisvolle Toilette dauerte Tag um Tag.
Und dann, eines Tages, genau bei Sonnenaufgang, zeigte sie sich. Und obwohl sie mit so großer Sorgfalt an sich gearbeitet hatte, sagte sie gähnend:
»Ah! Ich bin noch nicht ganz wach ... Ich habe noch ganz zerzauste Haare.«
Der kleine Prinz konnte seine Bewunderung nicht zurückhalten:
»Was sind Sie schön!«
»Nicht wahr?«, antwortete die Blume sanft. »Und ich bin im selben Augenblick geboren wie die Sonne ...«

Der kleine Prinz bemerkte sehr wohl, dass sie nicht gerade bescheiden war, aber sie war so rührend!
»Es ist Zeit für das Frühstück, denke ich«, fügte sie gleich hinzu. »Hätten Sie die Güte, an mich zu denken ...«
Und der kleine Prinz, der völlig durcheinander war, ging los, um eine Gießkanne mit frischem Wasser zu holen und die Blume zu bedienen.

Auf diese Weise setzte sie ihm schnell mit ihrer Eitelkeit zu, die schwer zu ertragen war.

Eines Tages zum Beispiel, als sie von ihren vier Dornen redeten, sagte sie zum kleinen Prinzen:
»Sollen sie doch kommen, die Tiger mit ihren Krallen!«
»Auf meinem Planeten gibt es keine Tiger«, warf der kleine Prinz ein, »und außerdem fressen Tiger kein Gras.«
»Ich bin kein Gras«, antwortete die Blume sanft.
»Entschuldigen Sie ...«
»Ich fürchte mich nicht vor den Tigern, aber ich habe Angst vor Zugluft. Sie hätten nicht zufällig einen Wandschirm?«
»Angst vor Zugluft ... Das ist schwierig für eine Pflanze«, bemerkte der kleine Prinz. »Diese Blume ist sehr kompliziert.«
»Abends stellen Sie mich unter eine Glasglocke. Es ist sehr kalt hier bei Ihnen. Das sind schlechte Voraussetzungen. Dort, wo ich herkomme ...«
Aber sie unterbrach sich.
Sie war als Same hierhergekommen. Sie konnte keine anderen Welten kennen. Beschämt darüber, dass sie sich beinahe bei einer so naiven Lüge hatte ertappen lassen, hustete sie zwei oder drei Mal, um den kleinen Prinzen in Verlegenheit zu bringen.
»Dieser Wandschirm ...?«
»Ich werde ihn suchen gehen, aber Sie haben gerade mit mir gesprochen!«

Also verstärkte sie das Husten, um ihm ein noch schlechteres Gewissen zu machen.
Aus diesem Grund misstraute ihr der kleine Prinz trotz seiner Liebe zu ihr. Er hatte ihre Worte sehr ernst genommen, die sie einfach so dahingesagt hatte, und wurde sehr unglücklich.
»Ich hätte nicht auf sie hören sollen«, vertraute er mir eines Tages an, »man darf nicht auf Blumen hören. Man sollte sie anschauen und ihren Duft einatmen. Meine erfüllte meinen Planeten mit ihrem Duft, aber ich konnte mich daran nicht freuen. Die Geschichte mit den Krallen, die mich so aufgeregt hat, hätte mich rühren sollen ...«
Und er gestand mir noch etwas: »Ich habe überhaupt nichts verstanden damals. Ich hätte sie nach ihren Taten beurteilen sollen und nicht nach ihren Worten. Sie hat mich mit ihrem Duft erfüllt und mich erleuchtet. Ich hätte nicht weggehen dürfen. Ich hätte ihre Zärtlichkeit hinter ihrer armseligen List sehen müssen. Die Blumen sind so widersprüchlich! Aber ich war zu jung, um zu wissen, wie ich sie lieben soll.«

Antoine de Saint-Exupéry schildert hier die Liebe des kleinen Prinzen zu seiner Rose. Es ist die einzige Rose, die auf seinem Planeten heranwächst. Sie ist nicht einfach, sondern eitel, und hat ständig neue Wünsche an den kleinen Prinzen. So wird der kleine Prinz ihrer nicht froh. Doch im Gespräch mit dem Flieger erkennt er: Die Eitelkeit der Rose und ihre List, dem kleinen Prinzen ständig neue Aufgaben zu stellen, waren nur der Versuch, ihre Zärtlichkeit und Liebe ihm gegenüber auszudrücken. Und nun sieht er ein: Sie hat ihn mit ihrem wunderbaren Duft erfüllt und ihn innerlich erleuchtet. Das alles tat sie für ihn. Der kleine Prinz weiß jetzt, dass er damals zu jung war, um lieben zu können. Erst in der Ferne, auf dem fremden Planeten, erkennt er, wie wichtig diese einzigartige Rose für ihn ist. Und jetzt sehnt er sich danach, sie wirklich lieben zu können. Er ist traurig, dass er versäumt hat, die Liebe zu seiner Blume auszudrücken und zu leben. Aber diese Traurigkeit öffnet ihn auch dafür, in den Begegnungen mit dem Flieger und dem Fuchs das Geheimnis der Liebe zu erkennen. Das bringt ihn auf den Weg, diese Liebe auf neue Weise zu leben.

Die Liebe kann uns verzaubern. Aber sie kann uns auch verletzen. Der kleine Prinz lehrt uns, hinter den Verhaltensweisen des geliebten Menschen seine Sehnsucht nach Liebe zu entdecken. Oft interpretieren wir sein Verhalten als Eitelkeit, als Kompliziertheit. Wir ärgern uns über seine Ansprüche an uns. Doch wir sollten hinter die Fassade schauen und in all diesen Verhaltensweisen seine Sehnsucht nach Liebe erkennen.
Liebe will gelernt sein. Wir sind wie der kleine Prinz oft zu jung, um lieben zu können. Wir schauen nur auf das Äußere, auf die Schönheit, auf den Duft, aber nicht auf die Sehnsucht nach Zärtlichkeit und Berührung. Wir sollten wie der Flieger während der Reparatur seines Flugzeugs in die Schule des kleinen Prinzen gehen, um zu lernen, was Liebe ist, um zu erkennen, hinter welchen Verhaltensweisen sich die Sehnsucht nach Liebe versteckt. So möchte der kleine Prinz uns einladen, unsere geliebten Menschen mit neuen Augen zu sehen.

Betrachten Sie Ihre geliebte Frau, Ihren geliebten Mann. Was stört Sie an ihrem/seinem Verhalten? Was erleben Sie als egoistisch und eitel? Was steckt eigentlich dahinter? Versuchen Sie, nicht gleich mit Ärger darauf zu reagieren, sondern mit der Neugier, hinter all diesen Verhaltensweisen die Sehnsucht nach Liebe und Zärtlichkeit zu entdecken. Dann sind Sie nicht mehr zu jung, um lieben zu können. Dann lieben Sie den anderen so, wie er ist, und nicht mehr nur nach seinem äußeren Bild.

Warum man manchmal weggehen muss, um wiederzukommen

Ich glaube, dass er für seine Flucht einen Schwarm Zugvögel genutzt hat. Am Morgen seiner Abreise brachte er seinen Planeten gründlich in Ordnung. Er kehrte seine aktiven Vulkane sorgfältig. Er besaß zwei davon. Und das war sehr praktisch, um morgens das Frühstück warm zu machen. Er besaß außerdem einen erloschenen Vulkan. Aber, wie er immer wieder sagte: »Man weiß nie!« Also kehrte er auch den erloschenen Vulkan sehr sorgfältig. Wenn sie gut gekehrt waren, brodelten sie leise und kontrolliert vor sich hin, ohne auszubrechen. Vulkanausbrüche sind wie Kaminfeuer. Natürlich sind wir hier auf der Erde viel zu klein, um die Vulkane zu fegen. Deshalb verursachen sie bei uns auch so viel Ärger.
Der kleine Prinz zog auch mit etwas Melancholie die letzten Triebe der Affenbrotbäume aus dem Boden. Er glaubte nicht, dass er jemals wiederkommen würde. Aber alle diese vertrauten Arbeiten erschienen ihm an diesem Morgen extrem angenehm. Und als er zum letzten Mal seine Blume goss und sie unter die Glasglocke stellen wollte, merkte er, dass er den Tränen nah war.
»Adieu«, sagte er zur Blume.

Aber sie antwortete ihm nicht.
»Adieu«, wiederholte er.
Die Blume hüstelte. Aber nicht, weil sie sich erkältet hatte.
»Ich war dumm«, sagte sie schließlich zu ihm. »Ich möchte dich um Verzeihung bitten. Versuche, glücklich zu werden.«
Er war überrascht, dass sie ihm keine Vorwürfe machte. Er hielt verwirrt inne, die Glasglocke in der Hand. Er verstand diese ruhige Milde nicht.
»Ja, ich liebe dich«, sagte die Blume zu ihm. »Davon hast du nichts gewusst, aber das ist mein Fehler. Es spielt jetzt auch keine Rolle mehr. Aber du warst genauso dumm wie ich. Versuche, glücklich zu sein. Lass diese Glasglocke weg, ich möchte sie nicht mehr.«
»Aber der Wind …«

»So erkältet bin ich gar nicht ... Die Nachtluft wird mir guttun. Ich bin eine Blume.«

»Aber die wilden Tiere ...«

»Ich muss wohl zwei oder drei Raupen aushalten, wenn ich die Schmetterlinge kennenlernen will. Es heißt, sie seien sehr schön. Wer wird mich sonst besuchen? Du wirst weit weg sein. Und auch wenn es Raubtiere gibt, ich fürchte mich nicht. Ich habe meine Krallen!«

Und sie zeigte treuherzig ihre vier Dornen. Dann fügte sie hinzu:

»Trödel nicht rum, das nervt. Du hast dich entschlossen zu gehen. Dann geh!«

Sie sagte das, weil sie nicht wollte, dass er sie weinen sah. Sie war eine sehr stolze Blume ...

Erst beim Abschied von seinem Planeten und von der Rose merkt der kleine Prinz, wie sehr er seine Rose geliebt hat. Er muss weinen. Und die Rose bekennt jetzt auch ihre Liebe zu ihm. Sie erkennt zudem ihre Schuld an, dass sie dem kleinen Prinzen nicht offen genug ihre Liebe gezeigt hat. Sie hat sie hinter ihrer Forderung nach der Fürsorge des Prinzen verborgen. Jetzt kann sie sie ehrlich zum Ausdruck bringen. Beide waren dumm. Sie liebten sich, aber sie trauten sich nicht, dem anderen diese Liebe zu zeigen. Jetzt ist es zu spät, weil sie beide das Gefühl haben, sich nicht wiederzusehen.

Wenn wir die Tragik dieser Liebe in den schlichten Worten des französischen Dichters spüren, tut es uns im Herzen weh. Und wir erkennen, dass wir uns oft selbst nicht getraut haben, dem anderen gegenüber unsere Liebe zu offenbaren. Wir haben sie hinter Zeichen versteckt, die der andere nicht verstanden hat.

Viele Ehen scheitern, weil beide nicht gelernt haben, ihre Liebe klar auszudrücken. Das führt zur Entfremdung und oft zur Trennung. Bei der Trennung merken wir erst, was wir versäumt haben. Dann kommt der ganze Schmerz über die versäumte Liebe in uns hoch.

In der Erzählung vom kleinen Prinzen bedeutet der Abschied nicht das Ende dieser Liebe. Sie geht weiter. Und der kleine Prinz spürt gerade in der Distanz zu seiner geliebten Rose, wie tief diese Liebe in ihm ist. In der Ferne wird ihm klar, dass er zu seiner Rose zurückkehren wird und dass dann die Liebe gelingen wird. Die zeitweise Trennung kann also die Liebe vertiefen und zu einem neuen Anfang führen.

Wozu man einen Hut eigentlich braucht

Auf seiner Reise besuchte der kleine Prinz nun einige Planeten, die von den unterschiedlichsten Menschen bewohnt wurden. Auf einem davon begegnete er dem Eitlen.

»Ah! Ah! Da kommt ein Bewunderer zu Besuch!«, rief der Eitle schon von Weitem, sobald er den kleinen Prinzen erblickte. Denn für eitle Menschen sind alle übrigen ihre Bewunderer.

»Guten Tag«, sagte der kleine Prinz. »Sie haben einen lustigen Hut!«

»Den habe ich, um grüßen zu können«, antwortete ihm der Eitle. »Um grüßen zu können, wenn man mir zujubelt. Leider kommt hier eigentlich nie jemand vorbei.«

»Ah ja?«, sagte der kleine Prinz, der nichts verstand.

»Klatsch in die Hände!«, gebot ihm der Eitle.

Der kleine Prinz klatschte in die Hände. Der Eitle grüßte bescheiden, während er seinen Hut lüftete.

»Das ist lustig«, sagte sich der kleine Prinz. Und er begann wieder, in die Hände zu klatschen. Der Eitle grüßte wieder bescheiden, während er seinen Hut lüftete.

Nach fünf Minuten war der kleine Prinz dieses eintönigen Spiels müde.
»Und was muss man tun, damit der Hut herunterfällt?«, fragte er.
Aber der Eitle hörte ihn nicht. Eitle hören nichts, außer Lobreden.
»Bewunderst du mich wirklich sehr?«, fragte er den kleinen Prinzen.
»Was bedeutet ›bewundern‹?«
»Bewundern bedeutet, anzuerkennen, dass ich der schönste, der bestangezogenste, der reichste und der intelligenteste Mensch auf diesem Planeten bin.«
»Aber du bist doch allein auf deinem Planeten!«
»Tu mir den Gefallen! Bewundere mich trotzdem!«
»Ich bewundere dich«, sagte der kleine Prinz und zuckte mit den Schultern, »aber warum interessiert dich das?«
Und der kleine Prinz verschwand.
»Die großen Leute sind wirklich sehr bizarr«, sagte er sich, während er weiterreiste.

Auf seinem Weg zur Erde begegnet der kleine Prinz verschiedenen Typen von Erwachsenen. Das Kind entlarvt die Erwachsenen und zeigt ihnen durch seine Fragen, wie fragwürdig ihr Leben und ihr Selbstverständnis ist.

Der Eitle will von allen bewundert werden. Aber da er allein auf seinem Planeten ist, kommt keiner vorbei, um ihn zu bewundern. Wenn der kleine Prinz klatscht – das Klatschen meint offensichtlich Beifall –, dann lüftet der Eitle seinen Hut. Doch das Spiel ist dem kleinen Prinzen zu albern. Und als der Eitle ihn auffordert, er solle ihn bewundern, sagt er zwar: »Ich bewundere dich.« Aber das Spiel scheint ihm so grotesk, dass er sich aus dem Staub macht.

Antoine de Saint-Exupéry möchte uns mit dem Eitlen einen Spiegel vor Augen halten. Wo spielen wir selbst diese Rolle? Der Eitle hört nicht zu. Er ist mit seinen Ohren nur offen für Lobreden. Alles andere überhört er. Er will narzisstisch ständig von anderen bewundert werden. Auch wenn der Autor die Figuren, die er beschreibt, immer ein wenig überzeichnet, so können wir uns in dem Eitlen doch wiederfinden.

Oft genug definieren wir uns über die Anerkennung der anderen. Es gibt Menschen, die gleichsam immer auf der Bühne leben und diese Bühne brauchen. Wenn sie keine haben, gehen sie innerlich ein. Dann fühlen sie sich wertlos und isoliert.

Die übrigen Menschen finden einen eitlen Menschen, der ständig auf der Bühne steht und beklatscht werden will, peinlich. Sie spüren, dass er nicht zu sich selbst gefunden hat. Er lebt in einer Scheinwelt.

So krass leben wir unsere Eitelkeit nicht aus. Aber wenn wir ehrlich in uns hineinschauen, dann werden wir doch auch in uns Züge des Eitlen erkennen. Der Eitle ist durchaus freundlich. Aber seine ganze Existenz hängt davon ab, dass andere ihn beklatschen und bewundern.

Albert Görres, ein Psychiater aus München, beschreibt manche Führungskräfte so, dass sie um sich herum lauter »Bewunderungszwerge« sammeln. Das gibt es in vielen Firmen oder Gemeinschaften. Da steht einer an der Spitze. Er braucht es, bewundert zu werden. Wenn ihm das fehlt, dann sackt er in sich zusammen.

Vom kleinen Prinzen können wir lernen, uns demütig so anzunehmen, wie wir sind, mit allen Schattenseiten und Schwächen. Nur dann kommen wir wirklich zur Ruhe.

Was wirklich reich macht

Ein anderer Planet wurde von einem Geschäftsmann bewohnt. Dieser Mann war so beschäftigt, dass er nicht einmal den Kopf hob, als der kleine Prinz ankam.

»Guten Tag«, sagte er. »Ihre Zigarette ist ausgegangen.«

»Drei und zwei macht fünf. Fünf und sieben macht zwölf. Zwölf und drei macht fünfzehn. Guten Tag. Fünfzehn und sieben macht zweiundzwanzig. Zweiundzwanzig und sechs macht achtundzwanzig. Keine Zeit, sie wieder anzuzünden. Sechsundzwanzig und fünf macht einunddreißig. Uff! Das macht also fünfhundertundeine Million sechshundertzweiundzwanzigtausendsiebenhunderteinunddreißig.«

»Fünfhundert Millionen von was?«

»Was? Du bist noch immer hier? Fünfhundertundeine Million von ... ich weiß es nicht mehr. Ich habe so viel zu tun! Ich bin ein ernsthafter Mensch, ich halte mich nicht mit Unsinn auf! Zwei und fünf ist sieben ...«

»Fünfhundertundeine Million von was?«, wiederholte der kleine Prinz, der noch nie in seinem Leben eine Frage fallen gelassen hatte, die er einmal gestellt hatte.

Der Geschäftsmann hob den Kopf.

»Seit vierundfünfzig Jahren bewohne ich jetzt diesen Planeten und wurde nicht häufiger als dreimal gestört. Das erste Mal vor zweiundzwanzig Jahren von einem Maikäfer, der herunterfiel, Gott-weiß-woher. Er machte einen fürchterlichen Krach und ich vier Fehler in einer Addition. Das zweite Mal vor zwölf Jahren von einem Rheumaanfall, ich bekomme nicht genug Bewegung. Ich habe keine Zeit, spazieren zu gehen. Ich bin ein ernsthafter Mann! Das dritte Mal von ... na, jetzt! Wo war ich? Fünfhundertundeine Million ...

»Millionen von was?«

Der Geschäftsmann verstand, dass er sich keine Hoffnung zu machen brauchte, in Frieden gelassen zu werden: »Millionen von diesen kleinen Dingern, die man manchmal am Himmel sehen kann.«

»Fliegen?«

»Nein, diese kleinen Dinger, die leuchten.«

»Bienen?«

»Nein! Diese kleinen goldenen Dinger, die Nichtstuer zum Träumen bringen. Aber ich, ich bin ein ernsthafter Mann! Ich habe keine Zeit zum Träumen!«

»Ah! Du meinst die Sterne!«

»Genau. Das war's, Sterne.«

»Und was machst du mit fünfhundert Millionen Sternen?«

»Fünfhundertundeine Million sechshundertzweiundzwanzigtausendsiebenhunderteinunddreißig. Ich bin ein ernsthafter Mann. Und ich bin sehr genau.«

»Was machst du mit all diesen Sternen?«

»Was ich damit mache?«

»Ja.«

»Nichts. Ich besitze sie.«

»Du besitzt Sterne?«

»Ja.«

»Aber ich habe schon einen König gesehen, der ...«

»Könige besitzen nicht. Sie regieren nur. Das ist etwas ganz anderes.«

»Und was bringt es dir, die Sterne zu besitzen?«

»Das macht mich reich!«

»Und was bringt es dir, reich zu sein?«

»Weitere Sterne kaufen zu können, wenn jemand welche entdeckt.«

»Wie kann man Sterne besitzen?«

»Wem gehören sie denn?«, erwiderte der Geschäftsmann mürrisch.

»Ich weiß es nicht. Niemandem.«

»Also gehören sie mir, weil ich als Erster daran gedacht habe.«
»Das reicht?«
»Sicher! Wenn du einen Diamanten findest, der niemandem gehört, gehört er dir. Wenn du eine Insel entdeckst, die niemandem gehört, gehört sie dir. Wenn du als Erster eine Idee hast, lässt du sie dir patentieren: Dann gehört sie dir. Und ich besitze eben Sterne, weil niemand vor mir auf die Idee kam, sie zu besitzen.«
»Das stimmt«, sagte der kleine Prinz. »Und was machst du damit?«
»Ich verwalte sie. Ich zähle sie und zähle sie wieder«, sagte der Geschäftsmann. »Das ist kompliziert. Aber ich bin ein ernsthafter Mann!«
Der kleine Prinz war noch nicht zufrieden.
»Ich besitze ein Halstuch, ich kann es mir um meinen Nacken legen und es tragen. Ich besitze auch eine Blume, ich kann meine

Blume pflücken und sie mitnehmen. Aber du kannst deine Sterne nicht pflücken!«

»Nein, aber ich kann sie in einer Bank anlegen.«

»Was heißt das?«

»Das heißt, ich schreibe auf ein kleines Stück Papier die Anzahl meiner Sterne. Und dann schließe ich dieses Papier in einem Schließfach ein.«

»Und das ist alles?«

»Das reicht!«

»Das ist amüsant«, dachte der kleine Prinz. »Das ist vielleicht sogar poetisch. Aber es ist nicht sehr ernsthaft.«

Der kleine Prinz hatte von ernsthaften Dingen eine sehr andere Vorstellung als die großen Leute.

»Ich«, sagte er, »besitze eine Blume, die ich jeden Morgen gieße. Ich besitze drei Vulkane, die ich jede Woche kehre. Ich kehre sogar jenen, der erloschen ist. Man weiß nie. Das ist nützlich für meine Vulkane und für meine Blume, dass ich sie besitze. Aber du bist für deine Sterne zu nichts nutze.«

Der Geschäftsmann öffnete den Mund, fand aber nichts, das er hätte erwidern können, und der kleine Prinz verschwand.

»Die großen Leute sind definitiv sehr seltsam«, sagte er sich, während er seine Reise fortsetzte.

Der Geschäftsmann ist ständig mit dem Zählen seiner Sterne beschäftigt. Während der Eitle die Beziehung zu andern Menschen sucht, ja, sie sogar braucht, um von der Bewunderung zu leben, ist der Geschäftsmann ohne jede Beziehung. Er nimmt den kleinen Prinzen nur als Störung wahr. Seine Zahlen sind ihm wichtiger. Er lebt in einer kalten Welt.

Der kleine Prinz stellt hartnäckig seine Fragen. Erst daraufhin erinnert sich der Geschäftsmann daran, dass er fünfhunderteine Million von Sternen besitzt. Der kleine Prinz fragt immer weiter, was es denn heißt, Sterne zu besitzen. Der Geschäftsmann kommt ins Stottern. Er verwaltet die Sterne, schreibt die Zahl auf einen Zettel und hinterlegt ihn in einer Bank. Doch der kleine Prinz, der auf den Besitz seiner geliebten Blume hinweist, fällt das harte Urteil: »Du bist für die Sterne zu nichts nutze.« Auf diese Bewertung seines Tuns hin ist der Geschäftsmann sprachlos. Das hat ihm noch nie jemand gesagt. Noch nie hat jemand ihm die Sinnlosigkeit seines Tuns so vor Augen gehalten wie der kleine Prinz.

Die Frage ist, wo und wann wir uns im Geschäftsmann wiederfinden. Unser Tun verselbstständigt sich oft.

Wir zählen und zählen und merken gar nicht, wie sinnlos das ständige Zählen ist. Davon werden die Sterne nicht mehr. Und dadurch bekommt unser Leben keinen Inhalt, für den es sich lohnt, zu leben.

Im Spiegelbild des Geschäftsmannes werden wir auch an uns die Habgier entdecken, die immer mehr will – immer mehr Geld verdienen, immer mehr Geld besitzen. Doch der Besitz isoliert, so wie der Geschäftsmann auf dem Planeten ganz und gar isoliert ist. Der Gierige vermag nicht zu genießen. Der Geschäftsmann kreist nur um seine Zahlen. Er vergisst, sich zu bewegen. Er bekommt Rheuma. Die Schmerzen sind Ausdruck einer Lebensweise, mit der er sich selbst zugrunde richtet.

Wir sehen im Bild des Geschäftsmannes das Zerrbild des Kapitalismus, wie er heute oft ungezügelt durch die soziale Dimension, wie sie etwa die deutsche soziale Marktwirtschaft angezielt hatte, nur immer mehr Geld anhäuft und immer mehr Einfluss auf die Welt gewinnen will. Dieser reine Kapitalismus erzeugt eine Atmosphäre von Kälte und Härte, von Unmenschlichkeit und Maßlosigkeit. In einer solchen Atmosphäre kann man nicht leben. Da wachsen auch keine Beziehungen. Der Geschäftsmann ist an der Begegnung mit dem kleinen Prinzen gar nicht interessiert. Der Besucher stört ihn nur bei seiner Tätigkeit des Zählens. Antoine de Saint-Exupéry zeigt hier die Sinnlosigkeit des reinen Kapitalismus auf und warnt uns davor, dass wir die Beziehung zu unserem Herzen verlieren, dass wir vor lauter Geld ein hartes Herz bekommen.

Was man von Schlangen lernen kann

Der letzte Planet, den er besuchte, war dann endlich die Erde. Als der kleine Prinz festen Boden unter den Füßen hatte, war er sehr überrascht, dass er niemanden sah. Er hatte schon Angst, dass er sich im Planeten geirrt hatte, als ein mondfarbener Ring sich im Sand zu bewegen begann.

»Guten Abend«, sagte der kleine Prinz auf gut Glück.

»Guten Abend«, sagte die Schlange.

»Auf welchem Planeten bin ich gelandet?«, fragte der kleine Prinz.

»Auf der Erde. In Afrika«, antwortete die Schlange.

»Ah! ... Lebt denn niemand auf der Erde?«

»Das hier ist die Wüste. In der Wüste lebt niemand. Die Erde ist groß«, sagte die Schlange.

Der kleine Prinz setzte sich auf einen Stein und hob die Augen zum Himmel:

»Ich frage mich«, sagte er, »ob die Sterne leuchten, damit jeder eines Tages seinen Stern wiederfinden kann. Schau meinen Planeten! Er steht genau über uns ... Aber wie weit er entfernt ist!«

»Er ist sehr schön«, sagte die Schlange. »Was tust du hier?«

»Ich hatte Schwierigkeiten mit einer Blume«, sagte der kleine Prinz.

»Ah!«, antwortete die Schlange.
Und sie schwiegen.
»Wo sind die Menschen?«, nahm der kleine Prinz das Gespräch schließlich wieder auf. »Man ist ein wenig einsam in der Wüste …«
»Man ist auch bei den Menschen einsam«, sagte die Schlange.
Der kleine Prinz sah sie lange an. »Du bist ein lustiges Tier«, sagte er schließlich, »dünn wie ein Finger.«
»Aber ich bin mächtiger als der Finger eines Königs«, sagte die Schlange.
Der kleine Prinz musste lächeln. »Du bist nicht sehr mächtig … du hast nicht einmal Pfoten oder Beine. Du kannst nicht einmal von Ort zu Ort reisen.«
»Ich kann dich weiter weg bringen als ein Schiff«, sagte die Schlange. Sie ringelte sich um den Knöchel des kleinen Prinzen wie ein goldenes Armband.
»Wen ich berühre, den bringe ich dorthin zurück, von wo er weggegangen ist«, sagte sie noch einmal. »Aber du bist klar und du kommst von einem Stern …«
Der kleine Prinz antwortete nichts.
»Du tust mir leid, du, der du so leicht bist auf dieser harten Erde. Ich kann dir helfen, wenn du eines Tages deinen Planeten zu sehr vermisst. Ich kann …«

»Oh! Ich habe dich sehr gut verstanden«, sagte der kleine Prinz, »aber warum sprichst du immer in Rätseln?«

»Ich löse sie alle«, sagte die Schlange.

Und sie schwiegen.

Als der kleine Prinz auf die Erde fällt, begegnet er zunächst keinem Menschen. Er fühlt sich einsam in der Wüste. Das erste Lebewesen, das er dann trifft, ist eine Schlange. Sie klärt ihn auf, wo er gelandet ist. Und sie fragt ihn aus. Als Grund seines Weggehens von seinem Planeten nennt der kleine Prinz die Schwierigkeiten mit seiner Blume. Die Schlange versteht sofort. Doch sie schweigen über das Geheimnis der Liebe.
Die Schlange ist ein weises Tier. Sie klärt den kleinen Prinzen auf, dass man nicht nur in der Wüste einsam ist, sondern sich auch unter Menschen einsam fühlen kann. Und sie verspricht ihm, dass sie ihm helfen wird, wieder zu seiner Blume zurückzukehren, wenn ihn danach verlangt. Der kleine Prinz versteht sofort, was die Schlange ihm da verspricht: Indem sie ihn tötet, führt sie ihn dorthin, von wo er gekommen ist. Doch in diesem Moment lässt sie ihn unverletzt. Sie spürt, dass dieses Kind so rein ist. Der kleine Prinz erinnert uns in seiner Reinheit an Heilige wie Franziskus, dem der Wolf zum Freund wurde. Ein reiner Mensch ist immer auch in guter Beziehung zur Natur, zu den Tieren und zu den Pflanzen. Jesus war ebenfalls ein so reiner Mensch. Der

Evangelist Markus erzählt uns, dass er vierzig Tage in die Wüste ging: »Er lebte bei den wilden Tieren, und die Engel dienten ihm« (Markus 1,13). In solchen Worten erkennen wir unsere Sehnsucht nach einer Reinheit, die uns in Einklang bringt mit der Schöpfung, auch mit den wilden Tieren, die uns dann zu Freunden werden. Die kleine Schlange erinnert uns an die Schlange, die im Paradies Adam und Eva verführt hat, vom Baum der Erkenntnis zu essen. Doch hier ist sie nicht die Versucherin, sondern die weise und kluge Schlange. Jesus sagt: »Seid klug wie die Schlangen und arglos wie die Tauben« (Matthäus 10,16). Aber sie ist zugleich auch die Schlange des Todes. Sie erinnert uns an unseren eigenen Tod. Das Denken an den eigenen Tod macht weise. Es zeigt uns die Maßstäbe unseres Lebens. Angesichts des Todes sind all die Dinge, die der kleine Prinz beim Eitlen oder beim Geschäftsmann gesehen hat, hinfällig und sinnlos. Vielmehr kommt es darauf an, sein Leben bewusst zu leben und einen Sinn darin zu finden. Die Schlange löst alle Rätsel, sagt sie von sich. Der Gedanke an den Tod ist auch wie ein Rätsellöser. Der Tod löst das Rätsel unseres Lebens. Im Tod erkennen wir, wofür wir gelebt haben, was der Sinn unseres Lebens ist. Im Tod werden wir Gott schauen. Da werden uns die Augen aufgehen und wir werden das Geheimnis unseres Lebens erkennen.

Warum ein Rosengarten nicht immer schön ist

Der kleine Prinz durchwanderte die Wüste, traf aber niemanden an. Doch nachdem er sehr lange durch den Sand gestapft war, über Berge und Täler, entdeckte er eine Straße. Und alle Straßen führen zu den Menschen.

»Guten Tag«, sagte er. Es war ein Garten voller blühender Rosen.

»Guten Tag«, sagten die Rosen.

Der kleine Prinz betrachtete sie. Sie sahen alle aus wie seine Blume. »Wer seid ihr?«, fragte er sie erstaunt.

»Wir sind Rosen«, sagten die Rosen.

»Ah!«, machte der kleine Prinz.

Und er fühlte sich sehr unglücklich. Seine Blume hatte ihm erzählt, dass sie einzigartig sei in ihrer Art im ganzen Universum. Und hier waren fünftausend davon, alle gleich, in einem einzigen Garten!

»Sie wäre sehr beleidigt, wenn sie das sehen würde«, sagte er sich. »Sie würde sehr viel husten und so tun, als müsse sie sterben, um sich nicht lächerlich zu machen. Und ich wäre verpflichtet, sie zu pflegen, denn sonst würde sie, schon um mich zu demütigen, tatsächlich sterben.«

Und weiter sagte er sich: »Ich fühlte mich reich, weil ich eine einzigartige Blume besaß, und ich hatte nichts als eine ordinäre Rose. Das und meine drei Vulkane, die mir bis zum Knie reichen und von denen einer vielleicht für immer erloschen ist, das macht aus mir keinen großen Prinzen ...« Und er legte sich ins Gras und weinte.

Die Begegnung mit den fünftausend Rosen im Rosengarten ist für den kleinen Prinzen ein Schock. Er hatte immer geglaubt, dass seine Rose einzigartig sei. So hat sie es ihm selbst gesagt. Doch jetzt sieht er fünftausend andere, die alle der Seinen gleichen. Jetzt erkennt der kleine Prinz, dass er sich einer Illusion hingegeben hat. Er dachte, er sei reich durch eine einzigartige Blume. Doch er besitzt nur eine ganz gewöhnliche Rose. Diese Einsicht wirft ihn ins Gras und lässt ihn untröstlich weinen.

Es ist die Enttäuschung über seine Liebe. Wir alle kennen solche Enttäuschungen. Wir dachten, der Mensch, in den wir uns verliebt haben, sei einzigartig. Aber dann erleben wir, dass er ein gewöhnlicher Mensch ist, dass er Fehler und Schwächen hat, dass er manchmal auch kleinkariert ist. Wir sind enttäuscht, wenn wir ihn in seiner Durchschnittlichkeit erkennen.

Verliebtsein hängt immer mit Projektionen der eigenen Wünsche auf den Partner zusammen. Ich projiziere meine Idealbilder auf den konkreten Menschen, in den ich mich verliebt habe. Aber dann erlebe ich, dass dieser Mensch genauso durchschnittlich ist wie ich selbst.

Die Psychologie lädt uns ein, die Durchschnittlichkeit des geliebten Menschen zu betrauern. Betrauern heißt: schmerzlich Abschied nehmen von meinen Idealbildern, sowohl von denen, die ich mir von mir selbst gemacht habe, als auch von denen, die ich auf den geliebten Menschen projiziert habe.
Doch das Betrauern führt mich in die Wahrheit. Es führt mich in den inneren Raum auf dem Grund meiner Seele. Dort begegne ich mir selbst und ich erkenne, dass ich trotz meiner Durchschnittlichkeit einen heiligen Raum in mir habe, in dem Gott wohnt. Durch das Betrauern erkenne ich auch den wahren Wert des Menschen, in den ich mich verliebt habe. Ich erkenne, dass er in seiner Begrenztheit doch liebenswürdig ist, dass er in mir Liebe hervorruft und dass er mir guttut. Aber das werde ich erst erkennen, wenn ich bereit bin, von meinen Illusionen Abschied zu nehmen.

Was zähmen bedeutet

Das war der Moment, in dem der Fuchs erschien.
»Guten Tag«, sagte der Fuchs.
»Guten Tag«, erwiderte der kleine Prinz höflich. Er drehte sich um, sah aber niemanden.
»Ich bin hier«, sagte die Stimme, »unter dem Apfelbaum.«
»Wer bist du?«, sagte der kleine Prinz. »Du bist sehr schön.«
»Ich bin ein Fuchs«, sagte der Fuchs.
»Komm, spiel mit mir«, schlug ihm der kleine Prinz vor. »Ich bin so traurig.«
»Ich kann nicht mit dir spielen«, sagte der Fuchs. »Ich bin noch nicht gezähmt.«
»Ah! Entschuldigung!«, sagte der kleine Prinz.
Aber nach kurzem Überlegen fügte er hinzu: »Was bedeutet ›zähmen‹?«
»Du bist nicht von hier«, sagte der Fuchs, »was suchst du?«
»Ich suche die Menschen«, sagte der kleine Prinz. »Was bedeutet ›zähmen‹?«
»Die Menschen«, sagte der Fuchs, »haben Gewehre und sie gehen auf die Jagd. Das ist sehr lästig! Sie halten sich auch Hühner. Das ist ihr einziges Interesse. Suchst du Hühner?«

»Nein«, sagte der kleine Prinz. »Ich suche Freunde. Was bedeutet ›zähmen‹?«

»Das ist eine Sache, die zu sehr in Vergessenheit geraten ist«, sagte der Fuchs. »Es bedeutet: ›sich vertraut machen‹.«

»Sich vertraut machen?«

»Genau«, sagte der Fuchs. »Bisher bist du für mich nichts weiter als ein kleiner Junge, der hunderttausend anderen kleinen Jungen gleicht. Und ich brauche dich nicht. Und du brauchst mich auch nicht. Ich bin für dich nichts anderes als ein Fuchs, der hunderttausend anderen Füchsen gleicht. Wenn du mich aber zähmst, dann braucht einer den anderen. Du wirst für mich einzigartig sein auf der Welt. Ich werde für dich einzigartig sein auf der Welt.«

»Ich beginne zu verstehen«, sagte der kleine Prinz. »Es gibt da eine Blume ... ich glaube, dass sie mich gezähmt hat.«

»Das ist möglich«, sagte der Fuchs. »Man sieht auf der Erde alle möglichen Dinge.«

»Oh! Das war nicht auf der Erde«, sagte der kleine Prinz.

Der Fuchs schien sehr neugierig geworden zu sein:

»Auf einem anderen Planeten?«

»Ja.«

»Gibt es da Jäger, auf diesem Planeten?«

»Nein.«

»Das ist interessant. Und Hühner?«

»Nein.«

»Nichts ist perfekt«, seufzte der Fuchs.

Dann kam der Fuchs auf seine Idee zurück: »Mein Leben ist eintönig. Ich jage die Hühner, die Menschen jagen mich. Alle Hühner gleichen sich und alle Menschen gleichen sich. Ich langweile mich doch ein bisschen. Wenn du mich aber zähmst, wird das mein Leben aufhellen. Ich werde das Geräusch deiner Schritte kennen, das sich von allen anderen unterscheidet. Die Schritte anderer werden mich dazu bringen, in meinem Bau zu verschwinden. Deine werden mich aus meinem Fuchsbau rufen wie Musik. Und schau! Siehst du dort hinten das Getreidefeld? Ich esse kein Brot. Für mich hat Getreide keinen Nutzen. Die Getreidefelder erinnern mich an nichts. Und das ist traurig! Aber du hast goldfarbene Haare. Das wird wunderbar, wenn du mich gezähmt hast! Das Getreide, das golden ist, wird mich an dich erinnern. Und ich werde mich am Rauschen des Windes im Getreide freuen.«

Der Fuchs schwieg und betrachtete lange den kleinen Prinzen.

»Bitte ... zähme mich!«, sagte er.

»Das möchte ich gerne«, antwortete der kleine Prinz, »aber ich habe nicht viel Zeit. Ich muss Freunde finden und viele Dinge kennenlernen.«

»Man kennt nichts, außer den Dingen, die man gezähmt hat«, sagte der Fuchs. »Die Menschen haben keine Zeit, irgendetwas kennenzulernen. Sie kaufen die Dinge einfach fertig im Geschäft. Aber weil es keine Freundeverkäufer gibt, haben die Menschen auch keine Freunde. Wenn du einen Freund haben möchtest, zähme mich!«

»Was muss ich tun?«, fragte der kleine Prinz.

»Man muss sehr geduldig sein«, antwortete der Fuchs. »Zunächst setzt du dich ein Stück weit weg von mir, ungefähr so, ins Gras. Ich beobachte dich aus dem Augenwinkel und du sagst nichts. Die Sprache ist die Quelle aller Missverständnisse. Aber jeden Tag kannst du dich nun ein bisschen näher zu mir setzen.«

Am nächsten Tag kam der kleine Prinz wieder.

»Es wäre besser, wenn du immer zur gleichen Zeit kommst«, sagte der Fuchs. »Wenn du zum Beispiel um vier Uhr am Nachmittag kommst, werde ich mich schon ab drei Uhr darauf freuen. Je näher der Moment kommt, desto mehr werde ich mich freuen. Um vier Uhr werde ich unruhig werden und besorgt sein: Ich habe den Preis des Glücks entdeckt! Aber wenn du irgendwann kommst, weiß ich nicht, zu welcher Stunde ich mein Herz darauf einstellen soll. Es braucht feste Gewohnheiten.«

»Was ist das, eine feste Gewohnheit?«
»Das ist auch etwas, was zu sehr in Vergessenheit geraten ist«, sagte der Fuchs. »Es ist das, was einen Tag vom anderen unterscheidet, eine Stunde von den anderen Stunden. Es gibt zum Beispiel eine feste Gewohnheit bei meinen Jägern. Am Donnerstag tanzen sie mit den Mädchen aus dem Dorf. Der Donnerstag ist also ein wunderbarer Tag! Ich kann bis zum Weinberg spazieren. Wenn die Jäger irgendwann tanzen würden, alle Tage wären gleich, und ich hätte keine Ferien.«

Schließlich zähmte der kleine Prinz den Fuchs. Und als sich die Stunde des Abschieds näherte, sagte der Fuchs: »Ah! Ich werde weinen.«
»Das ist deine Schuld«, sagte der kleine Prinz, »ich wollte dir nichts Böses, aber du wolltest, dass ich dich zähme ...«
»Sicher!«, sagte der Fuchs.
»Aber du wirst weinen!«, sagte der kleine Prinz.
»Sicher!«, sagte der Fuchs.
»Also hast du nichts gewonnen damit!«
»Ich habe etwas gewonnen dabei«, sagte der Fuchs«, »wegen der Farbe des Getreides.« Dann fügte er hinzu: »Geh noch einmal zu den Rosen. Du wirst verstehen, dass deine Rose einzigartig ist auf

der Welt. Dann komm wieder und sag mir Adieu, und ich werde dir ein Geheimnis schenken.«

Der kleine Prinz ging, um die Rosen wiederzusehen: »Ihr gleicht meiner Rose kein bisschen, ihr seid nichts«, sagte er zu ihnen. »Niemand hat euch gezähmt und ihr habt niemanden gezähmt. Ihr seid wie mein Fuchs war: einer, der hunderttausend anderen Füchsen gleicht. Aber ich habe ihn zu meinem Freund gemacht, und jetzt ist er einzigartig auf der Welt.«

Und die Rosen waren sehr verlegen.

»Ihr seid hübsch, aber ihr seid leer«, sagte er ihnen noch einmal. »Man kann nicht sterben für euch. Natürlich könnte jemand, der an meiner Rose vorbeikommt, denken, dass sie euch gleicht. Aber sie allein ist wichtiger als ihr alle, weil sie es war, die ich gegossen habe. Weil sie es war, die ich unter eine Glasglocke gestellt habe. Weil sie es war, die ich mit dem Wandschirm beschützt habe. Weil sie es war, um deretwillen ich die Raupen getötet habe (außer den zwei oder drei, wegen der Schmetterlinge). Weil sie es war, der ich zuhörte, wenn sie sich beklagte oder sich rühmte oder wenn sie sogar manchmal schwieg. Weil es meine Rose ist.«

Als er zum Fuchs zurückgekehrt war, sagte er: »Adieu.«

»Adieu«, sagte der Fuchs.

»Hier ist mein Geheimnis. Es ist sehr einfach: Man sieht nur mit dem Herzen gut. Das Wesentliche ist für die Augen unsichtbar.«
»Das Wesentliche ist für die Augen unsichtbar«, wiederholte der kleine Prinz, um es sich zu merken.
»Es ist die Zeit, die du dir für deine Rose genommen hast, die deine Rose wichtig macht.«
»Es ist die Zeit, die ich mir für meine Rose genommen habe ...«, sagte der kleine Prinz, um es sich zu merken.
»Die Menschen haben diese Wahrheit vergessen«, sagte der Fuchs. »Aber du darfst sie nicht vergessen. Du bist für immer verantwortlich für das, was du gezähmt hast. Du bist verantwortlich für deine Rose ...«
»Ich bin verantwortlich für meine Rose ...«, wiederholte der kleine Prinz, um es sich zu merken.

Die Szene mit dem Fuchs ist wohl die entscheidendste Stelle im ganzen Buch. Sie wird auch wie keine andere immer wieder bei Hochzeiten und anderen Gelegenheiten vorgelesen. Die Menschen haben offensichtlich verstanden, dass sie etwas Wesentliches über Freundschaft und Liebe aussagt. Der Fuchs verrät dem kleinen Prinzen sein Geheimnis: »Man sieht nur mit dem Herzen gut. Das Wesentliche ist für die Augen unsichtbar.«

Nur wenn ich mit dem Herzen auf den Freund schaue, erkenne ich meine Liebe zu ihm und seine Liebe zu mir. Und nur wenn ich mit dem Herzen auf die Menschen schaue, erkenne ich in ihnen die Sehnsucht nach Liebe und die Sehnsucht, gut zu sein.

Das Wesentliche ist für die Augen unsichtbar. Nur wenn unsere Augen mit dem Herzen verbunden sind, können wir das Wesentliche im Menschen und in der Welt sehen. Und das Wesentliche ist für Antoine de Saint-Exupéry die Liebe. Die Liebe ist das, was den Menschen wertvoll macht.

Durch die Begegnung mit dem Fuchs, den der kleine Prinz gezähmt hat, indem er ihm langsam immer näher kam, erkennt er nun auch das Geheimnis seiner Liebe zur Rose auf seinem Planeten. Lieben heißt, den anderen zu zähmen, sich den anderen vertraut zu machen. Und die Zeit, die wir mit dem Freund verbringen, macht den Freund einzigartig.

Aber diese Liebe verlangt nach Verantwortung. Wir sind unser Leben lang verantwortlich für das, was wir uns vertraut gemacht haben. Der kleine Prinz erkennt, dass die Rose ihn gezähmt hat. Daher ist die Rose für ihn jetzt einzigartig. In dieser Gewissheit kann der kleine Prinz nochmals zum Rosengarten gehen und sagen: »Ihr seid schön, aber ihr seid leer.« Hier erkennt er, wie einzigartig ihm seine Rose ist, aber auch, dass er für sie verantwortlich ist. Wenn ich mir einen Menschen vertraut gemacht habe, bin ich mein Leben lang für ihn verantwortlich.

Noch etwas verrät der Fuchs dem kleinen Prinzen: Die Liebe braucht Rituale. So ein Ritual besteht darin, sich immer um die gleiche Zeit zu treffen. Denn dann kann man sich schon vorher auf die Begegnung freuen. Die Liebe braucht feste Zeiten. Dann wird auch die andere Zeit auf die Zeit der Begegnung hin ausgerichtet sein und die Qualität der Liebe bekommen.

Die Liebe braucht beides: die Spontaneität, mit der ich ihr Ausdruck gebe. Aber sie braucht auch feste Rituale. Das gibt ihr Bestand. Ohne Rituale, in denen man sich seiner Liebe bewusst wird und ihr Ausdruck gibt, kann sie leicht zerrinnen. Die Liebe braucht Ausdruck. Sonst verflacht sie.

Die Szene mit dem Fuchs offenbart dem kleinen Prinzen das Geheimnis der Liebe. Jetzt erst erkennt er die Tiefe seiner Liebe zu seiner einzigartigen Rose und er muss nicht mehr weinen, wenn er die vielen anderen Rosen sieht. Sie erinnern ihn nun an seine einzigartige Rose.

Der Fuchs wird durch die Farbe der Weizenfelder an den kleinen Prinzen erinnert. Wenn wir das Geheimnis der Liebe verstanden haben, dann wird alles, was wir sehen, uns an den geliebten Menschen erinnern: die Farbe der Weizenfelder, die Sterne, die in der Nacht leuchten.

Die Liebe verzaubert die Welt. Wenn wir einen Menschen wirklich lieben, sehen wir auch die Welt mit anderen Augen. Dann werden wir in allem die Liebe als den tiefsten Grund erkennen, sehen wir mit dem Herzen das Wesentliche in allem: die Liebe, die alles durchdringt.

Warum Kinder wissen, was sie suchen

»Guten Tag«, sagte der kleine Prinz.
»Guten Tag«, sagte der Weichensteller.
»Was tust du hier?«, sagte der kleine Prinz.
»Ich sortiere die Reisenden in Tausenderpakete«, sagte der Weichensteller. »Ich schicke die Züge, die sie transportieren, mal nach rechts, mal nach links.« Und ein erleuchteter Schnellzug, der mit Donnergrollen vorbeischoss, ließ die Stellwerkskabine erzittern.
»Sie haben es sehr eilig«, sagte der kleine Prinz. »Was suchen sie?«
»Nicht mal der Lokomotivführer selbst weiß das«, sagte der Weichensteller. Und ein zweiter erleuchteter Schnellzug donnerte in Gegenrichtung vorbei.
»Kommen sie schon wieder zurück?«, fragte der kleine Prinz.
»Das waren nicht die gleichen«, sagte der Weichensteller, »es ist ein ständiger Wechsel.«
»Waren sie nicht zufrieden dort, wo sie waren?«
»Man ist nie zufrieden dort, wo man gerade ist«, sagte der Weichensteller. Und schon donnerte ein dritter erleuchteter Schnellzug vorbei.

»Verfolgen sie die ersten Reisenden?«, fragte der kleine Prinz.
»Sie verfolgen gar nichts«, sagte der Weichensteller. »Sie schlafen dort drin, oder zumindest gähnen sie. Nur die Kinder drücken sich an den Fenstern die Nasen platt.«
»Nur die Kinder wissen, was sie suchen«, sagte der kleine Prinz. »Sie nehmen sich Zeit für eine Puppe, und sie wird sehr wichtig für sie, und wenn man sie ihnen wegnimmt, dann weinen sie.«
»Sie haben Glück«, sagte der Weichensteller.

Die Geschichte vom Weichensteller deckt uns auf, wo wir vor lauter Hektik gar nicht mehr wissen, was wir eigentlich suchen. Alle haben es eilig – um das zu sehen, brauchen wir nur durch die Fußgängerzone einer Großstadt zu gehen. Alle eilen durch die Straße, voller Hektik. Sie sind beschäftigt. Sie schauen die Menschen nicht an, denen sie begegnen. Sie bleiben nicht vor einer Kirche stehen mit ihrem schönen Portal oder dem Park mit den blühenden Bäumen. Sie haben keinen Sinn für die Schönheit. Sie eilen, weil sie irgendetwas suchen. Aber sie wissen gar nicht, was sie suchen. Sie sind nur vordergründig unterwegs, um einzukaufen, um möglichst schnell zum nächsten Termin zu kommen.

Die deutsche Sprache drückt sehr treffend aus, was die innere Haltung dieser Menschen ist: »hetzen« kommt von »hassen«: Die Menschen, die durch die Fußgängerzone hetzen, hassen sich selbst und sie hassen das Leben. Da ist keine Freude. Oder, wie der Weichensteller sagt, »da ist keine Zufriedenheit«. Die Menschen sind nicht zufrieden dort, wo sie sind. Aber sie sind auch nicht zufrieden auf ihrem Weg, in ihrer Hetze. Wenn sie mit sich nicht zufrieden sind, dann sind sie an keinem

Ort zufrieden, dann finden sie überall Gründe, warum sie sich dort nicht wohlfühlen können. Aber der eigentliche Grund liegt in ihnen selbst. Sie sind bei sich selbst noch nicht angekommen. Sie hetzen von einem Ort zum anderen und finden sich dennoch nirgends.

»Nur die Kinder wissen, wohin sie wollen«, sagt der kleine Prinz. Sie nehmen sich Zeit für ihre Puppe, auch wenn sie nur aus Stofffetzen besteht. Die Puppe ist ihnen wertvoll, weil sie Zeit mit ihr verbringen, weil sie ihre Lebensgeschichte mit ihr verbinden. Die Kinder, die sich Zeit nehmen für scheinbar ganz Unbedeutendes, wollen uns die Kunst lehren, innezuhalten, einfach im Augenblick da zu sein.

Wer innehält, der verliert die innere Eile und Hetze, der macht Halt, um im Inneren Halt zu finden. Und wenn er Halt macht, entdeckt er in sich Haltungen, die ihm guttun, wie Zufriedenheit, Freude, Dankbarkeit, die Fähigkeit, sich ganz auf den Augenblick einzulassen, Zeit zu verbringen mit dem, was er liebt, und Zeit zu haben für den geliebten Menschen.

Das Innehalten bringt uns mit dem inneren Reichtum unserer Seele in Berührung. Und wenn wir ihn gefunden haben, hören wir auf, im Äußern herumzuhetzen.

Was die Wüste zum Leuchten bringt

Wir waren nun den achten Tag seit meiner Panne in der Wüste, und während ich den Geschichten des kleinen Prinzen zuhörte, hatte ich den letzten Tropfen meines Wasservorrats getrunken.

»Ah«, sagte ich zum kleinen Prinzen, »sie sind sehr schön, deine Erinnerungen, aber ich habe mein Flugzeug noch immer nicht repariert und ich habe nichts mehr zu trinken. Ich wäre sehr glücklich, wenn ich einfach zum nächsten Brunnen gehen könnte.«

»Mein Freund, der Fuchs, hat mir gesagt ...«

»Mein kleiner Kerl, es geht nicht um den Fuchs.«

»Warum?«

»Weil wir verdursten werden.«

Er verstand mein Argument nicht und antwortete mir:

»Es ist gut, einen Freund zu haben, selbst wenn man sterben muss. Ich bin zum Beispiel sehr froh, einen Freund wie den Fuchs zu haben.«

»Er kann die Gefahr, in der wir schweben, nicht einschätzen«, sagte ich mir. »Er hat nie Hunger und nie Durst. Ein bisschen Sonne genügt ihm.«

Aber er sah mich an und antwortete auf meine Gedanken:

»Ich habe auch Durst. Lass uns einen Brunnen suchen.«

Ich winkte müde ab: Es ist absurd, in der Wüste aufs Geratewohl einen Brunnen zu suchen. Dennoch marschierten wir los.

Als wir viele Stunden in Stille gelaufen waren, fiel die Nacht herab, und die Sterne begannen zu leuchten. Ich nahm das alles wie in einem Traum wahr, als hätte ich ein wenig Fieber, wegen des Durstes. Die Worte des kleinen Prinzen tanzten durch meine Erinnerung.

»Du hast auch Durst, oder?«, fragte ich ihn.

Aber er antwortete nicht auf meine Frage, sondern sagte nur: »Wasser kann auch gut für das Herz sein.«

Ich verstand seine Antwort nicht, aber ich schwieg. Ich wusste sehr genau, dass ich ihn nicht unterbrechen sollte.

Er war müde. Er setzte sich. Und ich setzte mich neben ihn. Und nach einer Stille nahm er den Faden wieder auf: »Die Sterne sind schön, wegen einer Blume, die man nicht sieht.«

Ich antwortete »sicher« und betrachtete, ohne zu reden, die Wellen im Sand unter dem Mond.

»Die Wüste ist schön«, fügte er hinzu. Das stimmte. Ich hatte die Wüste immer geliebt. Man setzt sich auf eine Sanddüne. Man sieht nichts, man hört nichts. Und dennoch leuchtet etwas in der Stille.

»Was die Wüste noch schöner macht«, sagte der kleine Prinz, »ist, dass sie einen Brunnen birgt, irgendwo.«

Ich war erstaunt, als ich das mysteriöse Leuchten des Sandes verstand. Als ich ein kleiner Junge war, wohnte ich in einem sehr alten Haus, und die Legende erzählte, dass darin ein Schatz vergraben sei. Natürlich hatte niemand diesen Schatz je entdeckt, vielleicht hat ihn nicht einmal irgendjemand gesucht. Aber er verzauberte dieses ganze Haus. Mein Haus verbarg ein Geheimnis auf dem Grund seines Herzens.

»Ja«, sagte ich zum kleinen Prinzen, »das, was ein Haus, die Sterne oder die Wüste schön macht, ist unsichtbar.«

»Ich freue mich«, sagte der kleine Prinz, »dass du mit meinem Fuchs einer Meinung bist.«

Als der kleine Prinz einschlief, nahm ich ihn in meine Arme und lief wieder los. Ich war ergriffen. Es kam mir vor, als würde ich einen zerbrechlichen Schatz tragen. Es kam mir sogar so vor, als gäbe es nichts Zerbrechlicheres auf der Welt. Im Mondlicht betrachtete ich sein blasses Gesicht, seine geschlossenen Augen, die Strähnen seines Haares, die sich im Wind bewegten, und ich sagte mir:

»Das, was ich hier sehe, ist nur eine äußere Hülle. Das Wichtigste ist unsichtbar.«

Als seine leicht geöffneten Lippen ein halbes Lächeln andeuteten, sagte ich mir noch einmal:

»Was mich an diesem schlafenden kleinen Prinzen so sehr rührt, ist seine Treue zu seiner Blume, dieses Bild einer Rose, das in ihm leuchtet wie die Flamme einer Lampe, selbst wenn er schläft.« Und er kam mir noch zerbrechlicher vor.

»Man muss eine Lampe gut beschützen: Ein einziger Windstoß kann sie auslöschen.«

Ich ging weiter und bei Tagesbeginn entdeckte ich den Brunnen.

Nach dem Gespräch mit dem Fuchs bekommt nun auch das Gespräch zwischen dem Flieger und dem kleinen Prinzen eine neue Dimension. Er ist so fasziniert von der Freundschaft. Wenn man einen Freund gehabt hat, dann kann man getrost sterben.
Mitten in der Gefahr, zu verdursten, denkt der kleine Prinz an ganz andere Dinge, an seine kostbare Blume zum Beispiel. Aber er denkt auch über das Geheimnis der Wüste nach: »Was die Wüste noch schöner macht, ist, dass sie einen Brunnen birgt, irgendwo.« Das ist ein hoffnungsvolles Bild.
Unser Leben gleicht oft der Wüste. Unser Durst nach Liebe wird nicht gestillt. Wir fühlen uns orientierungslos. Wir vertrocknen innerlich. Aber bei aller Wüstenerfahrung in unserem Leben sollten wir uns immer bewusst machen: Es gibt irgendwo einen Brunnen. Und wenn wir den finden, mitten in der Wüste unseres Alltags, dann bekommt unser Leben einen neuen Glanz, dann wird es aufblühen und strahlen.
Der kleine Prinz bringt den Autor mit seiner Kindheitserfahrung in Berührung: Er lebte als Kind in einem Haus, in dem ein verborgener Schatz versteckt war. Der Schatz

steht für das wahre Selbst. Mitten in unserer alltäglichen Oberflächlichkeit sollten wir uns immer daran erinnern, dass unter all dem Äußeren in uns ein Schatz ist, dass das ursprüngliche und unverfälschte Selbst auf dem Grund unserer Seele ist. Wenn wir in den Grund der Seele hinabsteigen, kommen wir in Berührung mit diesem Schatz. Und dann entdecken wir auch den Brunnen auf dem Grund unserer Seele.

Der Schatz und der Brunnen auf dem Grund unserer Seele sind unsichtbar. So wie der Fuchs es sagte, was der kleine Prinz verinnerlicht hat: Das Eigentliche ist unsichtbar, die Schönheit, die hinter allem ist, ist unsichtbar. Und dieses Unsichtbare sieht der Flieger jetzt im Gesicht des schlafenden Jungen. Seine Liebe und seine Treue zu seiner einzigartigen Blume durchstrahlt sein Gesicht wie die Flamme einer Lampe. Weil der Flieger das Unsichtbare im Gesicht des kleinen Prinzen erahnt, entdeckt er nun auch den Brunnen in der Wüste, den er bisher vergebens gesucht hat. Wer den Brunnen auf dem Grund seiner Seele findet, der findet auch in der Wüste seines Lebens Brunnen, aus denen er schöpfen kann.

Was wirklich den Durst stillt

»Die Menschen«, sagte der kleine Prinz, »drängen sich in die Schnellzüge, aber sie wissen nicht, was sie suchen. Also werden sie unruhig und drehen sich im Kreis.« Und er fügte hinzu: »Das führt zu nichts ...«

Der Brunnen, den wir erreicht hatten, sah nicht aus wie die übrigen Brunnen in der Sahara. Denn die Wüstenbrunnen sind einfache Löcher im Sand, die irgendjemand gegraben hat. Dieser hier erinnerte an die Brunnen, wie man sie aus den Dörfern kennt. Aber hier gab es kein Dorf und ich dachte, ich träume.

»Das ist seltsam«, sagte ich zum kleinen Prinzen, »alles scheint bereit: die Rolle, der Eimer und das Seil ...«

Er lachte, berührte das Seil und begann, die Rolle hin und her zu bewegen. Und die Rolle quietschte wie ein alter Wetterhahn, wenn der Wind sehr lange geschlafen hat.

»Hörst du?«, sagte der kleine Prinz, »wir haben diese Rolle aufgeweckt, und jetzt singt sie.«

Ich wollte nicht, dass er sich zu sehr anstrengte. »Lass mich das machen«, sagte ich zu ihm, »das ist zu schwer für dich.«

Langsam zog ich den Eimer nach oben bis auf den Brunnenrand. Hier stellte ich ihn aufrecht hin. In meinen Ohren ging der Gesang

der Rolle weiter, und im Wasser, dessen Oberfläche noch zitterte, sah ich die Sonne zittern.

»Ich habe Durst nach diesem Wasser«, sagte der kleine Prinz, »gib mir zu trinken.«

Und ich verstand, was er gesucht hatte! Ich hob den Eimer an seine Lippen. Er trank, die Augen geschlossen.

Es war süß wie ein Fest. Dieses Wasser war wirklich etwas anderes als ein Nahrungsmittel. Es war geboren aus dem Marsch unter den Sternen, aus dem Gesang der Rolle, der Kraft meiner Arme. Es war gut für das Herz, wie ein Geschenk. Als ich ein kleiner Junge war, waren es die Kerzen auf dem Weihnachtsbaum, die Musik in der Mitternachtsmesse, das milde Lächeln aller, was meinem Weihnachtsgeschenk diesen Glanz verlieh.

»Die Menschen hier bei dir auf der Erde züchten fünftausend Rosen in ein und demselben Garten ... und sie finden nicht, was sie suchen.«

»Sie finden es nicht«, antwortete ich.

»Und doch kann man das, was man sucht, in einer einzigen Rose oder einem Schluck Wasser finden.«

»Sicher«, antwortete ich.

Und der kleine Prinz fügte hinzu: »Aber die Augen sind blind. Man muss mit dem Herzen suchen.«

Ich hatte getrunken. Und atmete tief durch.

Der Sand hatte zu Tagesbeginn die Farbe von Honig.

Ich war einfach glücklich über diese Honigfarbe. Warum spürte ich dann diesen Kummer?

»Du musst dein Versprechen halten«, sagte der kleine Prinz sanft zu mir. Er hatte sich wieder neben mich gesetzt.

»Welches Versprechen?«

»Du weißt schon ... ein Maulkorb für mein Schaf. Ich bin verantwortlich für diese Blume!«

Ich zog die Skizzen aus meiner Tasche. Der kleine Prinz betrachtete sie und sagte lachend: »Deine Affenbrotbäume sehen ein bisschen aus wie Blumenkohl.«

»Oh!« Und das mir, der ich so stolz auf meine Affenbrotbäume gewesen war!

»Dein Fuchs ... seine Ohren ... sie sehen ein bisschen aus wie Hörner. Und sie sind zu lang!« Er lachte noch einmal.

»Du bist ungerecht, kleiner Kerl, ich kann nichts anderes zeichnen, außer offenen und geschlossenen Boas!«

»Oh, das wird schon gehen«, sagte er, »die Kinder werden es verstehen.«

Ich zeichnete trotzdem noch einen Maulkorb. Und mein Herz zog sich zusammen, als ich ihm die Zeichnung gab.

»Du hast Pläne, von denen ich nichts weiß.«

Aber er antwortete nicht.

Er sagte zu mir: »Du weißt, mein Fall auf die Erde ... morgen ist es genau ein Jahr her.«

Nach einer kurzen Stille sagte er: »Ich bin ganz hier in der Nähe gelandet.« Und er errötete.

Und wieder spürte ich diesen bizarren Kummer im Herzen, ohne zu wissen, warum. Mir drängte sich eine Frage auf: »Dann war es kein Zufall, dass du am Morgen vor acht Tagen, als ich dich kennenlernte, hier allein herumspaziert bist, Tausende von Kilometern entfernt von einem bewohnten Ort? Du bist an den Ort zurückgekehrt, an dem du gelandet bist?«
Der kleine Prinz wurde wieder rot.
Und ich fügte zögernd hinzu: »Vielleicht wegen des Jahrestages?«
Der kleine Prinz wurde von Neuem rot. Er antwortete nie auf Fragen, aber wenn man rot wird, dann heißt das so viel wie »Ja«, oder?
»Ah!«, sagte ich zu ihm, »ich hatte Angst …«
Aber er antwortete mir: »Du musst jetzt arbeiten. Du musst zu deinem Flugzeug zurückkehren. Ich warte hier. Komm morgen Abend wieder.«
Aber ich war nicht beruhigt. Ich erinnerte mich an den Fuchs. Man riskiert, dass man ein bisschen weinen muss, wenn man sich hat zähmen lassen.

Der kleine Prinz hört in der Rolle, mit der er den Kübel in den Brunnen sinken lässt, ein Singen. Er sieht und hört immer mehr, als Antoine de Saint-Exupéry es vermag. Für ihn wird jede unscheinbare Handlung zu etwas Geheimnisvollem. Das Quietschen der Rolle wird für ihn zu seinem Singen. Und weil er sich ganz auf den Brunnen einlässt, weckt er den Brunnen auf. Indem wir uns auf eine kleine Blume einlassen, erwecken wir sie zum Leben. Indem wir uns auf einen Menschen einlassen, wecken wir ihn auf, damit er uns seine Lebendigkeit zeigen kann.

Das Wort des kleinen Prinzen: »Gib mir zu trinken« erinnert an die Szene, in der Jesus am Jakobsbrunnen zur Frau aus Samaria sagt: »Gib mir zu trinken!« (Johannes 4,7). Der kleine Prinz nimmt die Rolle Jesu ein. Jesus verweist die Frau auf das lebendige Wasser, das in ihrem Inneren sprudelt und das nie erschöpft wird, weil es göttlich ist. Der kleine Prinz erinnert den Autor mit seinen Worten an diese innere Quelle, an das Wasser, das in seiner Kindheit den Durst nach Liebe gestillt hat. Dieses Wasser ist gut für das Herz. Der Flieger erinnert sich an seine eigene Kindheit. Für ihn waren damals die Lichter des Christbaums, die Musik der Weihnachtsmette und die Sanftmut des Lächelns der eigentliche Glanz, der sein Leben erhellte.

Wenn man mit den Augen des kleinen Prinzen auf die Welt sieht, dann ist alles verzaubert. Dann findet man in einer einzigen Blume und in einem Schluck Wasser das, was die geschäftigen Menschen überall suchen und doch nie finden. Aber man muss mit dem Herzen suchen. Sonst findet man das Wasser nicht, das dem Herzen guttut, weder in einer Rose noch in einem Schluck Wasser. Man unternimmt lieber viele Reisen, um das zu suchen, von dem man gar nicht weiß, was es ist und das man daher auch nie findet.

Wer mit dem Herzen sucht, der findet das lebendige Wasser in seinem eigenen Innern. Und wenn es im eigenen Innern sprudelt, dann erkennt man dieses Leben spendende Wasser in allem, was man mit Liebe anschaut.

Nach dieser Szene voller Intimität wechselt die Stimmung. Der kleine Prinz erinnert den Autor an sein Versprechen, dem Schaf einen Maulkorb zu malen. Der Flieger erkennt, dass es wohl bald um den Abschied geht.

Vor einem Jahr ist der kleine Prinz in der Nähe des Brunnens auf der Erde gelandet. Jetzt sehnt er sich nach seiner Blume zurück. Und der Flieger merkt nun, wie lieb er diesen kleinen Jungen gewonnen hat. Er erkennt, dass er sich von dem Knaben hat zähmen lassen. Und so ist er dem Weinen nahe. Sich von jemandem zu verabschieden, den man lieb gewonnen hat, geht nicht ohne Tränen.

Warum Sterne lachen können

Neben dem Brunnen war die Ruine einer alten Steinmauer. Als ich am nächsten Abend von meiner Arbeit zurückkehrte, sah ich meinen kleinen Prinzen dort oben sitzen und mit den Beinen baumeln. Und ich hörte, wie er sagte:
»Erinnerst du dich denn nicht? Es ist nicht genau hier.«
Eine andere Stimme antwortete ihm zweifellos, denn er erwiderte:
»Ja! Ja! Es ist genau der Tag, aber das ist nicht der genaue Ort ...«
Ich ging weiter auf die Mauer zu. Ich sah noch immer niemanden und hörte auch niemanden. Trotzdem erwiderte der kleine Prinz noch einmal: »Sicher. Du wirst sehen, wo meine Spur im Sand beginnt. Du musst nichts tun, außer dort auf mich zu warten. Ich werde diese Nacht da sein.«

Ich war nun etwa zwanzig Meter von der Mauer entfernt und konnte noch immer nicht das Geringste entdecken. Nach kurzer Stille sagte der kleine Prinz: »Hast du gutes Gift? Bist du dir sicher, dass du mich nicht lange leiden lässt?«
Ich hielt an, das Herz zog sich mir zusammen, aber ich verstand noch immer nicht.
»Und jetzt geh«, sagte er, »ich möchte herunterspringen.«

Also senkte ich den Blick zum Fuß der Mauer und machte einen Satz! Aufgerichtet in Richtung des kleinen Prinzen war dort eine jener gelben Schlangen, die einen in dreißig Sekunden töten. Während ich noch meine Taschen nach meinem Revolver durchsuchte, fiel ich in den Laufschritt. Aber das Geräusch meiner Schritte brachte die Schlange dazu, sich sanft in den Sand gleiten zu lassen, wie ein Wasserstrahl, der erstirbt, und schlängelnd verschwand sie, ohne sich besonders zu beeilen, zwischen den Steinen mit einem leisen, metallischen Geräusch.

Ich kam gerade rechtzeitig an der Mauer an, um meinen kleinen Kerl, der schneeweiß im Gesicht war, in die Arme zu nehmen.

»Was ist das für eine Geschichte? Jetzt sprichst du schon mit Schlangen!«

Ich löste seinen ewigen goldenen Schal. Ich benetzte ihm die Schläfen und ließ ihn trinken. Und jetzt wusste ich nichts mehr, was ich ihn fragen sollte. Er sah mich ernst an und schlang mir seine Arme um den Hals. Ich spürte sein Herz schlagen wie das eines sterbenden Vogels, wenn man ihn mit dem Karabiner abgeschossen hat. Er sagte mir: »Ich bin froh, dass du den Fehler in deiner Maschine gefunden hast. Du kannst nach Hause zurückkehren.«

»Woher weißt du das?« Ich hatte ihm gerade erzählen wollen, dass ich wider Erwarten meine Arbeit erfolgreich beenden konnte.

Er antwortete nichts auf meine Frage, aber er fügte hinzu: »Ich werde heute auch zu mir nach Hause zurückkehren ...«

Dann, etwas melancholisch:

»Das ist viel weiter weg ... und viel schwieriger.«

Ich spürte, dass sich etwas Außergewöhnliches ereignete. Ich schloss ihn in die Arme wie ein kleines Kind und trotzdem schien es mir, als würde er senkrecht in einen Abgrund fallen, ohne dass ich irgendetwas tun konnte, um ihn zurückzuhalten.

Er hatte einen sehr ernsten Blick und schaute verloren in die Weite.

»Ich habe dein Schaf. Und ich habe die Schachtel für das Schaf. Und ich habe den Maulkorb ...«

Er lächelte melancholisch.

Ich wartete lange. Ich spürte, dass er sich nach und nach wieder erholte.

»Mein kleiner Kerl, du hattest Angst.«

Sicher hatte er Angst gehabt!

Aber er lachte leise: »Ich werde heute Abend noch viel mehr Angst haben.«

Von Neuem spürte ich eine Eiseskälte, weil ich fühlte, dass es um Unwiderbringliches ging. Und ich verstand, dass ich es nicht ertragen könnte, nie wieder dieses Lachen zu hören. Es war für mich wie eine Quelle in der Wüste gewesen.

»Kleiner Kerl, ich möchte dich noch einmal lachen hören.«
Aber er sagte mir: »Heute Nacht ist es ein Jahr her. Mein Stern befindet sich genau über dem Ort, an dem ich gelandet bin im letzten Jahr.«
»Kleiner Kerl, ist das nicht nur ein schlechter Traum, diese Geschichte mit der Schlange und dem Treffen und dem Stern?«
Aber er antwortete nicht auf meine Frage. Er sagte:
»Das, was wichtig ist, das kann man nicht sehen.«
»Sicher.«
»Das ist wie mit der Blume. Wenn du eine Blume liebst, die sich auf einem Stern befindet, dann ist es wunderbar, in der Nacht den Himmel zu betrachten. Alle Sterne sind dann Blumen.«
»Sicher.«
»Das ist wie mit dem Wasser. Das, was du mir zu trinken gegeben hast, war wie Musik, wegen der Rolle und des Seils ... du erinnerst dich ... es war sehr gut.«
»Sicher.«
»Du wirst in der Nacht die Sterne ansehen. Mein Stern ist zu klein, als dass ich dir zeigen könnte, wo er sich befindet. Umso besser. Mein Stern, das ist für dich einer von vielen. Also wirst du es lieben, alle anzuschauen. Sie werden alle deine Freunde sein. Und jetzt werde ich dir ein Geschenk machen.« Er lachte noch einmal.

»Ah! Kleiner Kerl, mein kleiner Kerl, ich liebe es, dieses Lachen zu hören!«

»Genau das ist mein Geschenk. Das ist wie mit dem Wasser.«

»Was willst du damit sagen?«

»Die Menschen haben Sterne, die für sie sehr Unterschiedliches bedeuten. Für die einen, die reisen, sind sie Führer. Für andere sind sie nichts als kleine Lichter. Für wieder andere, die Wissenschaftler, sind sie Probleme. Für meinen Geschäftsmann waren sie Gold wert. Aber alle diese Arten von Sternen schweigen. Aber du wirst Sterne haben, wie sie sonst niemand hat.«

»Was willst du damit sagen?«

»Wenn du in der Nacht in den Himmel siehst, weil ich auf einem der Sterne wohne, weil ich auf einem dieser Sterne lache, wird es für dich sein, als lachten alle Sterne. Du allein wirst Sterne haben, die lachen können!«

Und er lachte noch einmal.

»Und wenn du dich getröstet hast (man tröstet sich immer), wirst du froh sein, mich gekannt zu haben. Du wirst immer mein Freund bleiben. Du wirst Lust haben, mit mir zu lachen. Und du wirst manchmal dein Fenster öffnen, nur zum Spaß. Und deine Freunde werden sehr erstaunt sein, dich lachen zu sehen, wenn du in den Himmel schaust. Also wirst du ihnen sagen: ›Ja, die Sterne

bringen mich immer zum Lachen.‹ Und sie werden dich für verrückt halten. Als hätte ich dir einen gemeinen Streich gespielt ...«
Und er lachte noch einmal.
»Es wird so sein, als hätte ich dir anstatt der Sterne eine Menge kleiner Glöckchen gegeben, die lachen können.«
Dann wurde er wieder ernst.
»Diese Nacht ... du weißt es ... komm nicht.«
»Ich werde dich nicht alleine lassen.«
»Es wird so aussehen, als ginge es mir schlecht. Es wird ein bisschen so aussehen, als würde ich sterben. Das ist eben so. Komm nicht, sieh es dir nicht an. Das bringt nichts.«
»Ich werde dich nicht alleine lassen.«
Aber er war besorgt.
»Ich sage dir das ... es ist wegen der Schlange. Ich will nicht, dass sie dich beißt. Schlangen sind bösartig. Sie beißen manchmal nur zum Spaß.«
»Ich lasse dich nicht alleine.«
Aber eine Sache beruhigte ihn:
»Allerdings ist es wahr, dass sie nicht genug Gift haben für einen zweiten Biss.«
In dieser Nacht bemerkte ich nicht, wie er ging. Er hatte sich ohne einen Laut erhoben.

Als ich ihn einholte, stapfte er mit entschiedenen Schritten weiter. Er sagte nur: »Ah! Du bist da ...« Und er nahm meine Hand.

Aber er machte sich große Sorgen: »Das ist keine gute Idee. Du wirst leiden. Es wird aussehen, als sei ich tot, auch wenn das nicht stimmt.«

Ich schwieg.

»Verstehst du? Es ist zu weit weg. Ich kann diesen Körper nicht mitnehmen. Er ist zu schwer.«

Ich schwieg.

»Es wird sein wie eine alte Hülle, die man zurücklässt. Das ist nicht traurig, wenn man eine alte Haut zurücklässt.«

Ich schwieg.

Er verlor ein bisschen den Mut. Aber er sammelte noch einmal alle Kräfte:

»Das wird schön sein, weißt du? Ich werde auch die Sterne ansehen. Alle Sterne werden Brunnen sein mit einer verrosteten Rolle. Alle Sterne werden mir zu trinken einschenken.«

Ich schwieg.

»Das wird sicher lustig! Du wirst fünfhundert Millionen von Glöckchen haben, ich werde fünfhundert Millionen von Brunnen haben ...« Und dann schwieg auch er, weil er weinte.

»Hier ist es. Lass mich ein paar Schritte allein tun.«

Und er setzte sich hin, weil er Angst hatte. Er sagte noch einmal: »Du weißt ... meine Blume ... ich bin für sie verantwortlich! Und sie ist wirklich schwach! Und sie ist wirklich naiv. Sie hat nichts anderes als vier Dornen, um sich gegen die Welt zu schützen ...«

Ich setzte mich, weil ich mich nicht mehr aufrechthalten konnte.

Er sagte: »So. Das ist alles.«

Er zögerte noch kurz, dann stand er auf. Er machte einen Schritt. Ich konnte mich nicht bewegen.

Es war nichts als ein gelber Blitz neben seinen Knöcheln. Er blieb einen Augenblick unbeweglich stehen. Er schrie nicht. Dann fiel er, sacht wie ein Baum. Es gab kein Geräusch, wegen des Sandes.

Das ist inzwischen schon sechs Jahre her. Ich habe diese Geschichte noch nie vorher erzählt. Die Kameraden waren sehr froh, dass sie mich lebend wiedersahen. Ich war traurig, aber ich sagte ihnen: »Das ist die Erschöpfung.«
Inzwischen habe ich mich ein bisschen getröstet. Das heißt ... nicht besonders viel. Aber ich weiß sicher, dass er auf seinen Planeten zurückgekehrt ist, denn als es Morgen wurde, fand ich seinen Körper nicht mehr. Es war wohl doch kein so schwerer Körper. Und ich liebe es, nachts den Sternen zuzuhören. Es ist wie fünfhundert Millionen Glöckchen.
Doch es passierte noch etwas Außergewöhnliches: An dem Maulkorb, den ich für den kleinen Prinzen gezeichnet habe, hatte ich den Lederriemen vergessen! Er wird ihn also dem Schaf gar nicht anziehen können. Also frage ich mich: »Was ist wohl passiert auf seinem Planeten? Es kann gut sein, dass das Schaf die Blume gefressen hat.« Mal sage ich mir: »Natürlich nicht! Der kleine Prinz stellt seine Blume jede Nacht unter eine Glasglocke, und er passt gut auf sein Schaf auf.« Dann bin ich glücklich. Und alle Sterne lachen leise. Ein andermal sage ich mir: »Man ist manchmal zerstreut, und das reicht schon! Eines Abends hat er die Glasglocke vergessen oder das Schaf ist ohne einen Laut in der Nacht ausgebrochen.« Dann schlagen alle Glöckchen Alarm.

Das ist alles ein großes Geheimnis. Für euch, die ihr den kleinen Prinzen auch liebt, wie für mich: Nichts im Universum wäre noch dasselbe, wenn irgendwo, man weiß nicht wo, ein Schaf, das wir nicht kennen, eine Rose gefressen hätte. Man weiß es nicht. Schaut in den Himmel. Fragt euch: »Hat das Schaf die Blume gefressen, ja oder nein?« Und ihr werdet sehen, wie sich alles vollkommen verändert. Und keiner der großen Leute wird jemals verstehen, warum das so wichtig ist.

Das ist für mich die schönste und die traurigste Landschaft der Welt. Es ist die gleiche wie auf der Seite davor, aber ich habe sie noch einmal gezeichnet, um sie euch besser zeigen zu können. Es ist genau hier, wo der kleine Prinz auf der Erde erschien und wo er auch wieder verschwand.

Seht sie euch sehr genau an, damit ihr sie wiedererkennt, wenn ihr eines Tages nach Afrika reist, in die Wüste. Und wenn ihr dort vorbeikommt, bitte ich euch inständig, euch nicht zu beeilen, sondern bleibt eine Weile direkt unter dem Stern stehen! Wenn euch ein Kind begegnet, das lacht, das goldene Haare hat, das nicht auf Fragen antwortet, könnt ihr sicher sein, er ist es! Aber seid so nett, lasst mich nicht weiter traurig sein, sondern schreibt mir schnell, dass er zurückgekehrt ist!

Der Flieger hört, wie der kleine Prinz mit etwas für ihn Unsichtbarem spricht. Erst als er die gelbe Schlange sieht, versteht er, dass er mit ihr gesprochen hat. Sofort ahnt der Autor, dass der kleine Prinz die Erde verlassen und zu seiner einzigartigen Rose auf seinem Planeten zurückkehren will. So ist das Abschiedsgespräch voller Wehmut.

Der kleine Prinz spürt beides: die Liebe zu seiner Blume, aber zugleich die Freundschaft zu diesem Mann, den er sich vertraut gemacht hat. Und er spürt auch die Angst vor der Schlange und dem Tod. Aber er weiß, dass sein Tod die Bedingung ist, dass er zurückkehren kann zu seinem Planeten. Denn der Körper ist zu schwer. Der kann die lange Reise nicht machen.

Der kleine Prinz verweist den Flieger nochmals auf das einzig Wichtige, das man nicht sieht: auf die Liebe. Wenn diese Liebe im Herzen ist, sieht man sie überall. Dann ist es süß, bei Nacht den Himmel zu betrachten. Denn in jedem Stern wird man den geliebten Menschen sehen. So werden alle Sterne zu Freunden. Das Geschenk, das der kleine Prinz dem Autor macht, ist sein Lachen. Es ist ein unvergessliches Lachen, so klar und

rein, dass es das Herz des Autors berührt. Auch wenn der kleine Prinz nun geht, wird dieses Lachen bleiben. Denn wenn der Autor nachts die Sterne anschaut, dann werden sie alle lachen, weil auf einem dieser vielen Sterne der kleine Prinz lacht.
Die Trauer ist nicht das Letzte. Die Verbundenheit mit dem Freund wird bleiben. Die Sterne drücken diese Verbundenheit aus. Sie werden für den Liebenden wie Glöckchen sein, die lachen und ihn zum Lachen bringen. So verwandelt der tote Freund das Leben des Liebenden und erfüllt es mit Freude und Lachen.
Antoine de Saint-Exupéry machte die Erfahrung sechs Jahre nach der Rückkehr des kleinen Prinzen auf seinen Planeten, dass sein Leben verwandelt ist. Jetzt schaut er nachts zum Himmel auf. Alle Sterne, die am Himmel leuchten, erinnern ihn an den Freund und an sein einzigartiges Lachen, an ein Lachen voller Freude und Liebe. Er ist sich gewiss, dass der kleine Prinz auf seinen Planeten zurückgekehrt ist. Denn er hat seinen Körper bei Tagesanbruch nicht wiedergefunden. Für mich ist das wieder eine Anspielung auf die Auferstehung Jesu. Auch sein Grab war leer. Die Frauen haben bei Tagesanbruch seinen Leichnam nicht gefunden. So dürfen wir in der Geschichte des kleinen Prinzen auch das Geheimnis von Auferstehung sehen. Auferstehung heißt, dass die Liebe stärker ist als der Tod. Diese Erfahrung beschreibt

der Autor mit dem Aufschauen zu den Sternen. Sie alle erinnern an die Liebe des kleinen Freundes. Und er vertraut darauf, dass dieser Freund wirklich heimgekehrt ist in seine eigene Welt, zu seiner einzigartigen Rose.

Der französische Philosoph Gabriel Marcel sagte einmal: »Lieben heißt, zum anderen sagen: Du, du wirst nicht sterben.« Davon zeugt auch das Buch vom kleinen Prinzen. Die Liebe ist stärker als der Tod. Sie wird nicht sterben, selbst wenn der Mensch stirbt. Der Mensch ist bei Gott oder, wie es Saint-Exupéry in seiner Bildsprache ausdrückt, auf seinem eigenen Planeten.

Die Verbindung zwischen dem verstorbenen Freund und dem Liebenden wird aber bleiben. Die vielen Sterne wecken in uns die Sehnsucht nach dieser Liebe, die durch die raue Welt, in der wir leben, nicht zerstört werden kann, die auch durch keinen tödlichen Biss einer Schlange aufgelöst wird.

Manchmal wird unsere Liebe bedroht durch das Gift von Verletzungen, die andere uns zufügen. Aber – das ist die Gewissheit des Autors – die Liebe ist stärker als alles Gift. Sie wird immer wieder gereinigt durch ein Lachen, das so hell und klar klingt wie das Lachen des kleinen Prinzen. Es ist das Osterlachen, das sich über alle Bedrohungen und Gefährdungen dieser Welt erhebt und den Sieg der Liebe über den Tod verkündet.